처음 = 끝

이야기

처음 = 끝 이야기

초판 1쇄 발행 2019년 6월 3일

지은이 채봉석
펴낸이 장길수
펴낸곳 지식과감성#
출판등록 제2012-000081호

디자인 최지희
편집 이현, 최지희
교정 정유경
마케팅 고은빛

주소 서울시 금천구 벚꽃로298 대륭포스트타워6차 1212호
전화 070-4651-3730~4
팩스 070-4325-7006
이메일 ksbookup@naver.com
홈페이지 www.knsbookup.com

ISBN 979-11-6275-634-8(03110)
값 15,000원

ⓒ 채봉석 2019 Printed in Korea

잘못된 책은 구입하신 곳에서 바꾸어 드립니다.
이 책의 전부 또는 일부 내용을 재사용하려면 사전에 저작권자와 펴낸곳의 동의를 받아야 합니다.

이 도서의 국립중앙도서관 출판예정도서목록(CIP)은 서지정보유통지원시스템
홈페이지(http://seoji.nl.go.kr)와 국가자료공동목록시스템(http://www.nl.go.kr/kolisnet)에서
이용하실 수 있습니다. (CIP제어번호 : CIP2019019889)

홈페이지 바로가기

처음 = 끝 이야기

| 채봉석 지음 |

"나!" 라 하면,
이것이 과연 진정한 나다운 나인가요?

차 례

처음 = 끝 이야기

1. 나뭇잎은 왜 흔들리는가? ········· 9
2. 하늘이 어딘가요? ········· 15
3. 흙 속의 뿌리는? ········· 21
4. 아침에 해가 뜹니까? ········· 29
5. 들판의 익은 곡식 ········· 45
6. 복이란 무엇입니까? ········· 57
7. 나 외에는 믿지 말라! ········· 75
8. 밥은 빌어 드시고 ········· 91
9. 동쪽 하늘은 어떻든가요? ········· 101
10. 자세를 반듯하게 앉아서 ········· 117
11. 성함이 어떻게 되십니까? ········· 141
12-1. 예! ········· 179
12-2. 꽃! ········· 191

| 부록 |
비어 있는 이야기

1) 생명 ········· 207
2) 산과 인생 ········· 213
3) 인생과 계절 ········· 223
4) 초곡(初哭) ········· 237
5) 사목론(思木論) ········· 243

처음 = 끝 이야기

1

나뭇잎은 왜 흔들리는가?

나뭇잎은 왜 흔들리는가?

선: 나뭇잎은 왜 흔들리는가?

후: 바람이 부니까요.

선: 바람이 부는 속에서도 흔들리지 않는다면?

후: 결국 떨어지겠지요.

선: 그렇다면 나뭇잎은 바람이 불어서도 흔들리기도 하지만 적응해서 살려고 흔들리는 것 아니겠습니까?

후: 그렇습니다.

선: 그 나뭇잎은 흔들려서 흔들려서 어디로 가지요?

후: 흔들리고 흔들려도 제자리에 붙어 있지 않습니까?

선: 흔들리고 흔들리면서 그 나무를 키우는 곳으로 가고 있지요.

   (끊임없이 흔들리는 당신의 생각은 흔들려서 흔들려서 어디로 가고 있는지)

선: 흔들리는 나뭇잎의 입장에서 보면 세상이 흔들린다고 생각할까요. 자기가 흔들린다고 생각할까요?

후: 자기는 가만히 있고 세상이 흔들린다고 생각하기 쉽지요.

선: 흔들리고 있는 자기 안으로 들어가면 자기가 고요해져서 세상이 흔들리고, 자기가 자기 밖으로 나오면

자기가 흔들리고 있다는 것을 인정하고 싶지 않겠지요. 흔들리는 자기 자신을 자신만이 흔들린다는 것을 알고 비밀로 하고 싶겠지요.

(당신은 나도 흔들리고 세상도 흔들리는 속에서 양측 다 벗어나 있나요.

나는 흔들리지 않으려는데, 세상이 흔들려 괴로움을 당하나요.

아니면 나도 흔들리고 세상도 흔들리고 뒤섞여 흔들리면서 버티고 서 있나요.)

선: 흔들림은 괴롭기만 한가요?

후: 아닙니다. 때로는 그 흔들림을 즐기기도 하지 않나요.

선: 때로는, 그 흔들림이 괴롭다고 야단치고 때로는, 그러면서도 즐기고, 나아가서는 바람이 없는 고요함 속에서도 스스로를 흔들면서 전진하고 있지 않나요.

후: 그러면, 흔들림은 스스로가 완성을 향해 가는 생명의 율동이군요.

선: 순간이 영원을 맞이하는 간절한 떨림의 기도이기도 하지요.

2

하늘이 어딘가요?

하늘이 어딘가요?

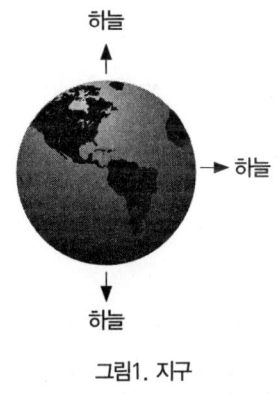

그림1. 지구

선: 하늘이 어딘가요? 지금 이렇게 앉아 있으면서….

후: 저 위죠.

선: 지금 이 둥근 지구 위에서 우리 반대편에 있는 사람의 하늘은 어딘가요?

후: 우리의 반대편이겠지요.

선: 나아가서 우리나라 양측에 있는 나라에 있는 사람의 하늘은 어떻게 되나요?

후: 지구 좌우로 하늘이 되겠지요.

선: 그러면 지구 전체로 본 하늘은 어딘가요?

후: 여기도 저기도 하늘이 되겠군요.

선: 온통 하늘이지요.

　이 지구는 하늘 가운데 떠 있고 내가 앉아 있는 전후좌우 상하가 다 하늘이고 보면, 나는 지금 하늘 가운데 앉아 있지요.

후: 그러면 우리는 하늘 가운데서 생활하는 것이 되겠군요.

선: 그렇지요. 하늘 가운데서 밥 먹고, 하늘 가운데서 잠자고, 일어나고, 하늘 가운데서 울고, 웃고, 사랑하는 것이지요.

후: 그렇다면 어느 것 하나인들 진실해야 하겠습니다.

선: 최선을 다해야지요.

후: 무엇은 잘되고, 잘 안되고, 이것은 진정이고, 아니고 지금, 이 고통과 괴로움은 진실이 아니며 저기, 어딘가에는 별도의 행복한 세계가 있을 것 같다는 생각은 어떻게 되나요?

선: 현재가 어떠한 나쁜 상태에 놓여 있다 해도, 하늘 가운데서 일어난 일이니 그대로 인정해서 받아들이고 그리고, 이 아픔을 딛고 나아가야겠지요.

후: 말은 쉽지만 너무 어렵지 않나요?

때로는, 이렇게 억울하고 힘들고, 나만 바보같이 소외되고 불행하다거나 또한, 심장이 멎을 것과 같이 극단적인 아픔에 놓여 있다 하더라도 "이것은 하늘 가운데서 일어난 일이다" 하고 내가 받아들이기가 참으로 어렵지 않겠습니까.

다른 사람은 다 앞으로 달려 나가는데, 나만 잘못되고 있는 것 같은 심정이니 말입니다.

선: 그래도 받아들이고 인정해야 합니다.

하늘 가운데서….

오히려 깨끗하고 내일을 향해 솔직하지 않습니까.

긍정함으로써 더욱 자신을 부정이 아닌 자세로 갈고 닦을 것이며 전자의 잘못을 잘 보게 되며, 무한 하늘이 여기 열려 있음을 발견하게 되리라 생각합니다.

후: 우리는 오늘, 여기, 최선을 다할 수밖에는 없을 것 같습니다.

선: 여긴 하늘 가운데이니까요.

3

흙 속의 뿌리는?

흙 속의 뿌리는?

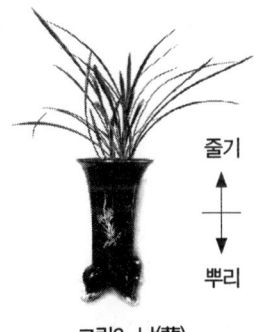

그림2. 난(蘭)

선: 흙 속의 뿌리는 그 속이 밝을까요. 어두울까요?

후: 어둡지 않겠습니까?

선: 일반적으로 외적으로 볼 때는 어둡지만 뿌리 자체가 느낄 때는 어떨까요? 마치 어머니의 배 속에 있는 잉태된 아기가 그 속을 느끼는 것처럼.

후: 아기는 밝게 느끼지 않겠습니까?

선: 왜. 그렇지요?

후: 그 속에서 성장하니까요.

선: 그 속이 즐겁기까지 해서 좀 크면 배 속에서 엄마 배를 차면서 운동까지 합니다.

화― 안 하겠지요.

그렇다면 흙 속에서 자라는 뿌리는 어떨까요?

후: 흙 속을 밝게 느끼겠습니다.

선: 그러면 뿌리는 크면 클수록 아래로 내려가나요, 위로 올라가나요?

후: 내려갑니다.

선: 무엇을 위해서 내려갑니까?

후: 화분 윗부분의 줄기를 키우기 위해서입니다.

선: 에-! 그러면 줄기는 크면서 위로 상승하고, 뿌리는 크면서 아래도 하향하는데, 즉 서로 반대 방향으로 양극을 이루면서 자라는데, 이 현상을 둘로 봐야 하나요?

하나로 보아야 하나요?

후: 하나로 봐야 되지 않겠습니까?

선: 그렇지요. 두 현상으로 본다면 이미 난은 상하로 나뉘어져 죽은 목숨이며, 하나이기에 한 생명으로 잘 자라고 있습니다.

그리고 뿌리가 크면 클수록 내려간다는 것은 자기를 낮추는 것입니까?

높이는 것입니까?

후: 자기를 낮추는 것입니다.

선: 그렇습니다. 그 내적 세계를 낮춘다는 것은 그만큼 겸손해지고 깊어진다고 생각합니다. 다시 정리하면, 난의 줄기 끝은 빛이 비치는 밝은 세상에서 하늘을 보며 그만큼 크고도 넓게 상향 성장하며,

뿌리는 어둠이 어둠인채로 뿌리의 빛인 그 속에서, 어둡고, 축축하고 여러 방해 요소가 많은 땅속에서 낮고 넓게 하향 성장

하는 것입니다.

이게 모두 한 몸체에서 동시에 일어나는 현상이지요.

후: 예-!

선: 이 예민한 난 줄기의 파란 끝을 지탱하는 힘은 어디서부터 옵니까?

후: 그야 뿌리에서부터 오는 것이겠지요.

선: 뿌리의 어디?

후: 뿌리의 끝입니까?

선: 그렇지요. 땅속의 뿌리 끝의 힘은, 허공 속 줄기 끝을 가늠하며 지탱시키는 힘이 되지요. 또한, 줄기 끝은, 뿌리 끝의 소망을 빛이 드는 쪽으로 승화시켜 생명의 기쁨을 드러내 주죠.

생존의 균형이지요. 생존의 역학이기도 하고요.

서로의 끝이 서로의 눈이 됩니다.

후: 선생님! 지금 이 난 이야기를 통하여 한 줄기의 생명체에라도 담겨진 깊은 이야기를 배웁니다.

선: 예-! 그렇지요.

이제 우리가 이 세상 밖을 향하여 그만큼 높고, 넓게, 외적 자기를 확장하려면, 일반적으로 출세라고 하여 빛 드는 세상을 살며 성공하고 싶다면, 즉 꿈과 야망이 크면 클수록 결국 그만큼 자기를 낮추어야 되지 않겠습니까?

후: 낮추어야 합니다. 겸손하게 낮아져야 합니다.

선: 만약 자기의 외적 세계의 성장이 급하고, 자기를 낮추는 것이 억울해서 뿌리를 바깥으로 드러낸다면 어찌 되겠습니까?

그 줄기는 크지 못할 뿐만 아니라 곧 죽을 수도 있고, 뿌리가 깊지 못하면, 이 세상의 약한 바람에도 곧 뽑힐 수도 있지 않겠습니까.

그러니, 이 세상의 어렵고 힘든 고난이 어둠이 아니라

이것이 곧 뿌리의 빛이요,

뿌리가 성장하고 튼튼해지는 힘이 되며

또한, 줄기가 어떠한 길도 없는 막연한 허공에서,

그 길을 조금씩 하늘로 빛을 향하여 나아가도록 도와주는 그 내면의 힘이 되지 않겠습니까.

자기 스스로의 스스로에 대한 봉사와 헌신, 자기 수고로움, 상하가 하나요, 안과 밖이 하나요, 빛과 어둠이 하나요.

결국, 뿌리와 줄기가 하나니, 하나로 완성되는 것이군요.

아름답지 않나요?

후: 아-! 그렇군요.

선: 복잡다단하게 급변하는 현재 사회라는 외적 세상에서 자기 삶의 완성은, 스스로의 내적 세계의 지혜를 터득함으로써,

그 지혜의 힘으로써만이. 사회적으로나, 개인적으로나,

그 내외의 팽팽하게 긴장된 예리한 날카로움 속에서 오히려 평화로운 조화를 이루면서 명료하게 안정된 삶을 이루어 낼 수 있지 않겠는가. 생각하는 바입니다.

후: 예—! 지금까지 흩어졌던 제가 다시 집중됩니다.

선: 감사합니다.

4

아침에 해가 뜹니까?

아침에 해가 뜹니까?

선: 아침에 해가 뜹니까?

후: 예! 해가 뜹니다.

선: 혹시 우리가 해를 보는 것 아닌가요. 태양을 중심으로 우리가 돌고 있으니 말입니다.

후: 그러니까 "해가 뜬다"는 것은 우리를 중심으로, 우리는 가만히 있는데 해가 도는 현상으로 보고 있다는 것인가요?

선: 그렇지요.

실은 과학적으로 잘 알다시피 지구가, 태양을 중심으로 돌고 있으니 해가 뜨는 것이 아니라, 우리가 돌아서 가만히 서 있는 태양을 본 것이지요.

또 도는 방향은 어떤가요?

해가 동쪽에 떠서 서쪽으로 시계 방향(북반구)으로 돌면서 진다고 하는데….

후: 제가 알기로는 실제 태양이 가만히 있고 지구가 도는 겉보기 현상의 반대로니, 지구가 서쪽에서 동쪽으로, 반시계 방향으로 돌고 있는 것 아니겠습니까?

선: 이것이 우리의 아침을 뒤바꾼 현상에서부터 시작할 수도 있는 것이지요.

현실 보기와 진실과의 사이 뒤집어 보는 착시 현상….

후: 그렇다면, 이 전도된 착시 현상을 벗어나는 방법은 있을까요?

선: 기준 설정의 문제입니다.

후: 무엇이 기준입니까?

선: 변하지 않는 것.

후: 변하지 않는 것을 기준으로 할 때 변화하고, 변화하고 또 변화하는 속에서 기준이 있는 것입니까?

선: 영원한 것입니다.

후: 신속하게 변화하는 세상에서 이미… 변한 것을 기준으로 그것을 바탕으로 또 변화를 추구하고 있지 않습니까?

선: 그 변화를 따라가면서 거기서 안정을 찾기도 하시요.

첨단적 변화에 예민하게 동화하면서 시대에 가장 잘 적응한 사람처럼 또 시대를 앞서가는 사람으로 인정받고, 즐기며, 타인에 대해 우월감까지 갖기도 하지요.

물론, 이 현상도 영원의 일부이기는 하지요.

후: 첨단 문화를 즐기는 것은, 이 시대 사람으로서의 특권 아닙니까?

선: 시대적 축복이지요.

후: 그렇다면 영원도 변하는 것 아닙니까?

선: 변하는 것을 기준으로, 변화하는 것을 추구해 나갈 때, 영원히 변하는 것처럼 보일 수도 있고, 그리고 시대적 변화의 입장에서 보면, 영원은 고리타분하고, 고착되어 있고, 시대에 뒤떨어진 낡고, 귀찮기까지도 한 것으로 볼 수도 있습니다.

후: 그렇다면 영원의 불변성은 무엇입니까?

선: 에-! 영원의 의미는 공간적(전후, 좌우, 상하: 三次元)으로 무한하며, 시간적(과거, 현재, 미래: 三世)으로 영속하는 시공간 의미로 볼 때 그 상(相)도 변하나(상대적 원리) 그 본질은 변하지 않는 것으로 추정하는 것입니다. 이것이 기준입니다. 그러므로 인류의 언제, 어디서든, 어떠한 변화도 포용하는 것으로서, 모든 변화는, 영원(이름하여 영원)을 바탕으로 춤추며 진화하는 현상으로 보는 것이지요.

후: 그러니까 선생님 말씀은, 이 모든 인류의 변화뿐만 아니라 그 변화의 기준마저도, 영원을 바탕으로 변화해 가는 과정일 뿐이라는 것이겠습니다.

선: 그렇습니다.

나아가서, 인류는 대담하게 스스로 변화를 일으키면서 진화하고, 더욱 진화를 촉진시키면서 그 문명과 문화를 즐기고, 행복을 구가하며, 가속화하고 있습니다.

후: 그 진화의 초점은 영원이고, 영원을 향해 영원히 진행하는 것이 되겠습니다.

선: 그렇게 봅니다. 그리고 그 영원함에 무한한 우주적이고 지극히 인간적, 자연적인 것도 포함시키려 하지요.

후: 그러면 너무 복잡해지고 난해해지지 않나요.

선: 인류의 속성 자체가 즐기면서 괴로워하고, 탄식하면서도 그것을 해결하는 묘미를 즐기며, 그 복잡성 속에서 그것을 단순화하고 현실적으로 완성시켜 가는 쾌감을 즐기잖습니까?
진리적 충만이겠지요.

후: 인간의 장점인가요?

선: 영원한 장점이지요.
훌륭하기는 하나 그러나, 이러한 문명 문화의 즐김과 그 외적 화려함과는 달리, 겉보기 착시 현상일 수도 있습니다.

후: 상반성은 언제, 어디서나, 어느 것에서나 있지 않습니까?

선: 그렇습니다만, 현상을 본질로 보고, 본질을 현상으로 보는 전도 현상을 우려하는 것입니다.
에-! 시대적 첨단 문명을 따라가는 동안 그만큼 비용이 들고, 끊임없이, 끊임없이 고비용이 들고, 그 고비용의 대가를 치르는 속도도 점차 빨라져, 상대적 빈곤에 허덕이게 되고, 안정할 만하면 새것에 흔들리고, 계속 따라 추종하면서 계속 흔들리

고, 그 속에서 즐기는 듯, 행복을 찾는 듯하면서도, 내적으로 끊임없이 피곤하고, 불안정도 함께 깊어지면 또한, 그 변화를 따라 끊임없이 교육을 받으면서 꼼짝없이, 그 내용과, 그 방향으로 유도되고, 갇히어, 스스로 선택하는 듯하면서 스스로 그 속에 갇히어 종이 되고 마는….

후: 문명의 이기를 이용하는 만큼 비싼 대가를 치루는 것 아니겠습니까?

선: 대가는 지불하되 자기를 잊어버려서는 안 되지 않습니까? 자기의 가치는 점점 사라져 가고, 공허해지고, 자기인 듯 자기는 없고, 자기 외부에서만 자기를 찾으려 하지만 오히려 내적 고독이 극단화되며, 우울증에 빠지고 또한 자기의 가치가 대중화된 컴퓨터 속의 일개체가 됨으로써, 군중 속의 고독에서 벗어나기 위해, 오히려 군중 속에서, 고독을 택하는 혼밥, 혼술, 혼족 등이 늘어나니 말입니다.

나아가서, 이 시대 문명의 프로그램을 창조하는 소수 집단의 두뇌 및 몇몇 업체에 이끌리어, 자기도 모르는 사이 생체 로버트화가 되어 가지나 않는지 모르겠습니다.

후: 문명에 어리는 뒤안길입니까?

선: 밝고 투명해지는데 중심체가 화면상으로만 띄워지는 것이지요.

후: 실체는 없고 화상(畫相)만 떠돈다는 말씀인가요?

선: 그 속에서 인간성 상실까지도 정상화할 수 있는 음성적인 것까지 또한 즐기니 문제이지요.

가상 현실을 진실 현실로, 또는 현실 인식을 가상 현실로 확장해서 무한한 꿈을 일어나게 하는 것으로서는 중요하며, 현실 거울로서 제3의 현실을 다시 들여다보게 하는 역할로써는 훌륭하지요.

그러나 현실의 발이 땅을 디뎌야 하는 것이 현실이고, 결국 인간적으로 인간이 되돌아와야 하는 가장 기본적, 기초적 문제를 잃어버리지 말아야지요.

후: 선생님 말씀은, 인간이 현대 문명 속에서 떠돌 수도 있는 방황을 걱정하시는 것이겠습니다.

선: 떠도는 것도, 빠른 속도로 집단화가 되면서, 블록 블록의 집단이 총칼의 전쟁 대신, 키보드 문자판의 전쟁으로 변질되어 진실을 외치면서도, 사실보다는 자기 공감 블록 집단의 이익 또는 동조를 우선순위로 투쟁하는, 실체도 없는 문화적 공포를 조성하는 것이지요.

후: 그러면, 어찌하면 좋겠습니까?

선: 영원에서 그 해답을 찾아야지요.

후: 선생님! 그 영원이란 것이 격변하는 현대 문명에서 보면 현실과 너무 동떨어지게 느껴지지는 않나요?

변하지 않는다는 그 개념 자체가, 시대 변화의 현실 흡수를 하기에는 너무 미흡하지 않습니까?

선: 제가 보기에는 여러분들이 오히려, 현실 응용에서의 충실 적응이. 현실의 본질까지 충족하는 것으로 착각하면서, 자기 본질로부터 동떨어져 가고 있다고 봅니다.

컴퓨터, 스마트폰 또는, 인공 지능 로봇화 등 의사 인간화를 추구하면서, 인간이 인간에게, 가장 근접된 인간을 만들어 창조하는 창조자의 희열 및 그 반열을 군중적으로 즐기며 또한, 그것에 대중적으로 익숙해지면서 이 문명에 안착할 때, 이것의 완성은 어디까지나 인간의 응용성의 문제이지 그 본질, 즉, 각자의 본성이 해결되어진 것은 아니라 봅니다.

후: 이것이 영원과는 어떤 관계가 있는 것입니까.

선: 유사 인간의 제작, 인간을 닮아 가는 극대화 과정 자체가 결국, 이 행위가 영원을 바탕으로, 영원으로 향하고 있다고 봅니다.

이 응용과 그 반복 또한 본질의 영원까지도 제작해 내려는 것이며, 이것도 영원을 닮아 가는 것이지요.

그러나 본질이 본질에 접근, 형성(제작, 창조 등)될수록 곧, 자기와 똑같아지는 순간, 자기와의 합일치를 허락하지 않으며 오히려, 자기를 뒤집는 결과까지도 낳는 것이 본질입니다.

본질은 제작되어지는 것이 아니라 마지막, 유사 동일체라 해도 엄밀한 의미에서 본질은, 스스로 완성되어지는 것이라 보는 것입니다.

왜 그런가, 하면 타체(他體)에 동일한 시공은 없습니다.

이 또한 영원을 바탕으로 영원을 닮으려 하는 것입니다.

후: 그러니까, 일체의 모든 행위는 영원화 과정으로 볼 수 있으며, 영원을 향한 응용성의 다양성일 뿐이며, 그 응용성의 고도화, 다양화의 극대로서도 인간 본질의 행복은 완성시킬 수는 없다는 말씀이시지요?

선: 그렇습니다. 응용성의 완전이라도 본질, 행복을 대체할 수 없다는 것이고 다만, 행복의 언저리를 맴돌고 있을 뿐이라 생각합니다.

후: 이제 인간 본질의 문제는 어떻게 됩니까?

선; 결론적으로 말씀드리며, 자기만이 자기를 해결할 수 있는 것이 본질입니다. 결정적 자기는, 자기만이 결정할 수 있습니다.

후: 네-!

선: 인간의 모든 문명과 문화는 극대화되고 복잡, 다양해질수록 각종 신호의 총집합체를 이루어 가는 빅 데이터 등까지도 몇 번의 스위치 조작 및 키보드 조작, 나아가서는 단, 한 번의 조작 행위로 가장 적정화된 단순 결론 및 판단을 도출해 내는 것입니다.

다시 말해서, 극대화된 양의 신호의 프로그래밍을 극소 조작으로 완성, 극소의 행위로 극대를 판단하고, 성립시키며, 또한 그 판단 속도, 순간 속도로 집약시키고 있는 것입니다. 이러한 시스템의 구성은, 당연히 지극히 미세해지고, 민감해지고, 복잡해지며, 전체적으로 살아 있는 유기체적, 단순체로 영원을 바탕으로 깔고 있으며, 나아가서는 글로벌적, 우주적으로 확대, 확장하는 것이지요.

이 모든 문명 문화의 발달은 분명, 인간을 행복하게 해 주는 순기능적인 것입니다. 그러나 이러한 문명의 대단한 이기(利器)도 조건적 행복이고, 조건과 함께 행복이 오락가락하며, 여기에 혹시라도 부정적 의미는 없으며, 다만 이러한 것들은 분명, 자기 외적인 요소들이기에 내적 충족에 한계가 있다는 것이지요.

인간의 본질은, 인간이기에, 인간으로서의 상대적 관계에서 부분적이거나, 전체적인 완성까지도, 자기 외적인 것에 해당되는 것으로 보며, 그 모든 요소가 사라지고 난 후, 무조건적으로 남아 있는 "존재감" 이것만이 본질이지요. 이것을 영원히 변하지 않는 것이라 편의상 보는 것입니다.

후: 그렇다면 현실적 처방은 있는 것입니까?

선: 현대 문명을 최대한 자기 발전 방향으로 활용하되 그 유희성, 오락성에 빠지지만 않으면 됩니다.

후: 곧 현대 문명의 이면성 또는 마약성만을 즐기면 현대 문명이라는 이름 아래 화이트 칼라적 폐인도 될 수 있다는 말씀이겠지요.

선: 그렇습니다. 자기다운 자기를 유지 회복하라는 뜻이지요. 주인 의식을 갖고….

후: 자기 회복이라면…?

선: 자기가, 자기 나름대로의 적정한 시간을 만들어서 모든 것을 무조건 내려놓은 자기 시간을 갖도록 해야 합니다. 자기를 객관화하는 작업으로 정기적으로 산책을 한다든가 등산 또는 명상을 하라는 것이지요.

후: 그러니까 자기가, 자기가 아닌, 또는 자기마저도 놓아 버린 자기가 되어서, 자기를 들여다보는 시간을 갖는 것이 되겠지요?

선: 그렇습니다.

후: 그런데, 이 바쁜 세상에서 자기를 비우는 시간을 갖는 것이 어렵지 않겠습니까?

선: 자기 분야에서 최선을 다하는 사람일수록 반드시 자기 객관화 시간을 갖는 것입니다.

예술가, 음악가 등이 자기 작품을 그리다 멈추고 멀리 뒤로 떨어져서 객관적으로 감상한다든가, 녹음을 해서 자기 음악을 남이 돼서 감상한다든가, 나아가서는 전자적 새로운 작품 또는 제품을 만드는 사람도 자기 명상을 통하여 새로운 세계의 창조에 이르게 됩니다.

후: 그러니까, 학교에서 학생들을 교육시키고 일정 시간 후 평가 시험을 치르는 것도 일종의 객관화 작업이 되겠습니다.

선: 아―! 그렇지요.

자기 객관화를 시키지 못하는 사람은, 어떠한 이유에서든 곧 자기 한계에 봉착, 자기 벽을 쌓고 있는 것입니다.

후: 반드시 자기를 끊는 시간을 가져야 하겠습니다.

선: 조급한 나머지 자기를 부정하는 의미로도 받아들일 수 있으나 긴 호흡을 갖고, 자기를 내려놓고 쉬며, 회복하고 또, 나아가서는 적극적 최선으로 현재의 문명 생활에 적응하라는 뜻입니다.

후: 결국, 지치지 않으면서 자기를 찾아가라는 것이겠죠?

선: 그리고 꾸준히 적극적으로 반복해야 하며, 습관까지 되어야 하며, 그럼으로써 현실적 삶이 건강하게 전진하는 것이 되며, 인생의 본질이 밝아지고 현명하게 됩니다.

또한 자기가 대내외적으로 확실해져서 현실적 적응의 적합성 및 타당성을 높이는 것이 되겠습니다.

후: 생각보다는 의외로 단순한 처방입니다. 그래도 당연히 최대로 노력하는 것이 먼저이겠지요?

선: 그렇습니다.

최대로 현실을 노력하고 그것을 번쩍이도록 빛나게 하기 위해서, 자기를 쉬라는 것이고, 이때의 자기 비움은, 삶의 순간을 영원화까지도 확장시킨다고도 볼 수 있는 것입니다.

후: 영원을 잉태하고 영원을 출산하려는 삶인가요?

우리의 삶이….

너무 거창하기도 합니다.

선: 그것은 본인이 아직 습관화가 이루어지지 않았다는 의미이며 습관이 되면 의외로 아주 평범해집니다. 실은 모든 분야의 앞선 분들은 자기를 내려놓는 과정에서 오랜 수행을 하고, 자기 목숨까지 걸기도 하거든요. 밖으로의 발산에도 노력이 따르지만, 안으로의 수렴에도 또한 정성을 들여야만 합니다.

순간의 삶에서 영원을 열고, 영원의 해방에서 순간의 삶을 다독이지요.

영원, 순간, 곧

하나!

후: 감사합니다.

5

들판의 익은 곡식

들판의 익은 곡식

그림3. 벼(곡식)

선: 들판의 익은 곡식은 고개를 숙이든가요?

후: 예! 고개를 숙입니다만….

선: 고개를 왜 숙이는가요?

후: 그야 곡식이 익어 가면서 그 알이 참으로 무거워져 고개를 숙이는 것 아니겠습니까?

선: 그렇습니다. 그러면서 "고개를 숙인다"라는 뜻은 계속 고개를 들고 성장한다는 의미에서 보면 성장이 멈추어 가는 의미도 담고 있겠지요.

후: 그러니까 성장이라는 것은 어려서부터 자기를 바로 세우고 하늘로 지속적으로 자라는 것 아니겠습니까?

선: 그래 제가 강조하는 것은 "고개를 숙인다"라는 것이 성장을 멈춘다는 의미가 아니라 성장의 방향을 바꾸어 완성해 가고 있다는 의미라는 것입니다.

후: 완숙의 의미로 보라는 말씀 아니겠습니까?

선: 그렇지요. 자기가 자라는 하늘의 방향에서 서서히 땅의 방향으로 바꾸어 가고 있지 않습니까?

이것을 본래의 고향으로 향하는 것으로 본 것입니다.

후: "고향" 하면 그것은 그립다거나, 평화롭다거나, 아름답다거나 평안의 의미를 갖고 있잖습니까?

선: 일부의 사람들은 "고개를 숙인다"는 의미를 부정적인 것으로 받아들여 어쩔 수 없는 상황에서 아픔으로 느끼거나, 자기 희망이 사라진다거나, 자기가 다되었다거나, 하는 자기의 한계에 이르렀다는 감정으로 받아들이기 쉬운 것이지요.

후: 때로는 깊은 슬픔에 잠기기도 하지요.

선: 우리가, 벼가 익어서 고개를 숙인다는 것은 단순 자연적으로 당연하게 받아들이면서도, 자기 현대 생활 속에서는 고개를 숙인다는 것은, 아시나시피 거부적인 반응이 있기 때문에 여기서, 제가 보기에는 양측 다 상통하는 의미를 깨우치고자 하는 것입니다.

후: 자연적인 현상과 다른 하나는 사회적, 인위적 현상으로 당연히 다르게 보는 것 아니겠습니까?

선: 다른 가운데서도 자연과 인간의 생활 본질을 하나로 보고자 하는 것입니다.

그러니까 자의든, 타의든 자기 성장 방향에서 자기 내적으로 자기를 인식한다는 것은 곧, 180° 자기 회전 방향을 바꾸어 수시 자기를 점검하고 또 나아가고자 한다는 것이지요.

후: 고개를 숙이는 것은 외형적 단순 형상이지만, 그와 동시에 그 내적으로 일어나는, 자기 발전 방향의 둥글어지는 현상을 다루고자 하시겠다는 말씀이신가요?

선: 그렇습니다.

선: 둥글어진다는 것은 자기의 처음으로 돌아간다는 것이고, 자기가 지금 맺어 가는 씨앗을, 자기 다음 세대를 위해 땅으로 되돌려 주기 위한, 준비 작업을 하는 것 아니겠습니까?

후: 생명의 한 주기를 완성하는 것이 되겠습니다.

선: 씨앗이, 씨앗으로부터 씨앗으로의 순환하는, 생명의 연속성이지요. 생명이 각자의 자기 생명으로 나뉘어지는 순간이기도 하지요.

이 원리를 지키는 동안 곧 영원을 바탕으로, 영원을 꿋꿋하게 지켜가고 있는 것이 되겠지요. 외적 변화로부터 변수를 받으면서, 거기에 적응된, 내적 자기완성으로 끊임없이 수정 작용으로 완결하려고 한다는 것입니다.

후: 네-!

그렇다면 영원성을 바탕으로 한 외내의 상호 작용에 대해 좀 더 설명하여 주시죠.

선: 일반적으로 자기는 계속해서 자기 원하는 방향으로 목적을 갖고 나아가고자 하며, 나아갈 때, 외부로부터의 막힘 또는 변경 요소가 발생하면, 그 순간, 자기는 곧, 외부에 대응된 내면세계의 변화를 감지하게 되지 않겠습니까?

긴장되는 시간 속에서 자기를 준비하겠지요. 그러니까 자기 내·외부가 곧, 같이 따라서 연동하는 것을 아는 것이고, 그리고 내외의 세계는 본래로, 분리되어 있지 않다는 것이지요.

후: 내외의 세계를 하나로 보라는 말씀이겠습니다.

선: 물론 자기 내외의 변화 분석은, 깊이 철저히 분석해서 자기 외부에서 내부로 작용하는 것, 자기 내부에서 외부로 작용하는 것을 찾아내고 또, 서로 작용 변화하는 것까지도 통합 분석해야 되는 것으로 보아야 되지 않겠습니까.

그런데 여기서, 자기 실핌의 한계를 드러내어, 외부 분석은 날카롭되, 자기 내부는 적당히 마무리하려는 것이, 곧, 이 작은 한순간에 내외를 분리시키고, 인생 전체의 판도를 바꾸는 전환점이 되는 것이지요.

그러기에, 이 내외의 상호 작용을, 순간으로 보면서도 영원을 바탕으로 하고 있다고 말씀드리는 것입니다.

후: 그러니까 순간이 영원의 방향을 결정하는군요.

선: 또한, 그러한 순간들이 쌓여 인생을 영원으로 완성시키는 것이

되겠지요.

이름하여 둥글어지는 것이겠지요.

후: 자기 한계성과 둥글어짐에 대해 좀 더 설명하여 주시죠.

선: 에-! 자기 외부 세계로의 자기 무한한 발전 희망, 자기 내부 세계로의 무한한 발전 희망이, 외부 세계로부터 영향을 받는 자기 내면 변화나 또한, 자기 스스로의 내부 세계로부터의 변경이, 외부 세계 변화와 만날 때, 스스로 양측 내외의 합치점, 즉 자기가 가장 희망하는 행복점을 찾지 않겠습니까?

여기서 이 합일치는 중요하고, 평상시의 일상에서 늘 만나는 일상인 듯하지만, 보다 진지하고 성실하게 처리해야 한다는 것이지요.

평상시 이 점을 처리하는 자기 역량에 따라 이러한 처리 결과의 누적이 점차 점철되면서 자기 인생, 자기 한계, 자기 영역을 만들며, 이런 것들이 시공과 함께 굳어지면, 자기 판단 습관이 되어 자기 운명을 만들고, 드디어, 어느 순간, 자기를 훌륭하게 발전하려 해도 그 속에 꼼짝없이, 어찌할 수 없이 갇히게 되는 것이고, 곧 자기의 귀한 성역 또는 자기 인생의 모습을 각자마다 스스로 드러내겠지요.

예를 들어 이러한 일상적으로 일어나는 합일치점을 가볍게 보거나 부정적으로 볼 수도 있고 또는, 그만큼 자기완성의 촉진의 순간으로 긍정적으로 볼 수도 있으며, 그 결과는, 다 자기 몫으로 돌아가리라 생각합니다.

후: 천당도 지옥도 결국, 자기 작품이라는 말씀이 되겠습니다. 가능하다면 매, 순간, 순간 현명한 판단을 해야 되겠습니다.

선: 참으로 그렇습니다.

그러니까 자기의 작은 의미에서든, 큰 의미에서든 또는, 극한적 자기 최고의 순간을 맞이하면서, 자기의 한계를 받아들이는 순간 이것이, 곧 자기 인생의 방향을 바꾸는 것이며, 서서히 또는 급격하게, 회전 반경을 그리면서, 자기는 똑바로 가는 듯하면서도, 곧 인간 고향으로 귀향하는 것이며, 둥글어지는 것이겠지요.

후: 둥글어지는 것도 그러니까, 자기 노력만큼 자기 가치만큼 자기 역량대로의 크기와 그 시간성 또는, 그 질(質)을 자기가 결정한다는 것이지 않습니까? 그러면서도, 그것을 받아들이기 억울해하는 것은 무엇 때문일까요?

선: 의외로 간단합니다. 남과 비교만 하지 않으면 됩니다. 비교가 감옥을 만듭니다. 그런데 거기서 탈출할 수도 있잖습니까.

후: 문제의 원인을 타인 또는 외부로만 돌린다는 뜻이겠지요?

"남과 비교하는 것" 이것이 모든 불행의 씨앗이 되는군요.

선: 그러니 자기 스스로의 둥글어짐이 이루어지지 않으면 끝까지,

내적 방황을 한다는 의미이지요. 여기에는 사회적 여러 조건과는 전혀 관계가 없습니다.

언제나 자기완성의 바탕에는 영원이 깔려 있다는 의미를 둘 때, 자타를 벗어나 둥글어짐이 완성되어 가겠지요.

후: 예-! 무한한 자유를 깨우칠 수도 있겠습니다.

선: 익은 곡식은 고개를 숙이는데 고개를 숙이는 순간, 그 자신이 완전히 사라지기도 한다면, 형상의 둥글어짐 넘어, 무한한 무상의 시공으로 둥글어질 수도 있지요.

보이지 않는 둥글어짐이죠.

둥근 노래 I

둥근 씨앗이 둥근 땅에 떨어져

둥글게 싹이 트고

둥근 하늘, 둥근 햇빛, 둥근 바람, 둥근 비

둥근 세상 속에서 둥글게 자라나서

둥근 꽃을 피우고

둥근 열매 맺어 둥글게 익어 가며

둥글게 허리 굽혀 둥글어지고

둥근 자기를 닮은 둥근 씨앗을

둥근 땅에 둥글게 떨어트리고

둥근 영원을 닮아서는

둥근 것이 모두 다.

둥글 것도 없이 둥글어지는……

두둥실…

•.

둥근 노래 II

둥근 지금 둥근 스승께서는

둥근 식사 시간이 되면 둥글게 옷을 입으시고

둥근 발우를 둥글게 드시고

둥근 성중으로 둥글게 들어가시어

둥근 순서대로 둥글게 밥을 빌으시고

둥근 제자리로 둥글게 돌아오셔서

둥근 밥을 둥글게 자시고

둥근 옷과 발우를 둥글게 거두시고

둥근 손발을 둥글게 씻으시고

둥근 자리를 둥글게 펴시고

둥글게 앉으셨다

6

복이란 무엇입니까?

복이란 무엇입니까?

선: 복이란 무엇입니까?

후: 자기의 바라는 것이 이루어지는 것 아니겠습니까?

선: 복은 어디서부터 옵니까?

후: 착한 마음에서부터 옵니다.

선: 착한 마음의 근원은 무엇일가요?

후: 착한 것은 곧 선(善)한 것인데… 갑자기 물으시니 생각이 잘 안 납니다.

선: 변하지 않는 마음입니다.

후: 예–!

    좀 더 설명하여 주시죠.

선: 많은 질문을 하겠습니다.

    내일 아침 해가 뜹니까?

후: 예! 해가 뜨죠.

선: 해가 당연히 뜹니까?

후: 당연히 뜨죠.

선: 누가 보장했나요?

후: 누가 보장한 적은 없지만 일반적으로 그렇게 믿고 있잖습니까. 상식적이기도 하고….

선: 일반적으로 믿고 있는 바탕에는 무엇이 있습니까?

후: 해가 변하지 않고 뜬다는 것입니까?

선: 바로 그것입니다.

만약 오늘 해가 기분이 좋지 않아서 그 속도를 빨리한다든가 또는 반대로 천천히 간다든가, 나아가서는 회전 방향을 기분에 따라 이리저리 바꾼다면 어찌 되겠습니까?

후: 지구상에는 큰 혼란이 오겠지요.

선: 그런데 그 해는 우리가 아는 바 수십억 년 정도를 거의 동일 속도로 돌고 있고, 그 방향도 일정하므로, 이것을 바탕으로 우리는, 모든 일상사를 시작하고 끝내고 하잖습니까?

이것은 지구의 자전과 관계하는 하루의 문제입니다. 나아가서 지구의 계절과 관계하는 공전의 문제도 마찬가지이잖습니까.

후: 그렇겠습니다.

지구가 태양을 공전하다가 그 주기를 마음대로 바꾼다면 계절상의 큰 혼란이 오겠습니다.

선: 그렇습니다.

만약, 지구가 자기감정에 따라 순간적으로 태양을 건너뛰었다가, 태양 좌로 우로 종횡무진한다면, 계절상의 혼란과 함께 지구 위의 모든 생명체에는 큰 타격이 될 것입니다.

생명의 존재가 어떻게 되겠습니까?

후: 거의 존재하기 힘들겠고, 이렇게 번창할 수도 없겠지요.

선: 봄이 되면, 온 산천에 싹이 돋고, 꽃은 피고, 푸르러 아름다워지고, 여름이 되면 번창하고, 가을이 되면 그 열매를 맺고, 단풍이 물들어, 온 산천을 장식하잖습니까?

이러한 계절의 어울림은 참으로 중요한 축복입니다. 이 중에서도 예를 들어, 나무가 겨울이 오기 전, 그 나뭇잎을 떨어트리고 나목이 되는 이유는 무엇이라고 봅니까?

후: 추운 겨울을 나려고 준비하는 것 아니겠습니까?

선: 추운 겨울을 최소한의 생명으로 유지하고 견디면서, 다음 봄이 오면, 다시 살려고 준비하는 것이겠습니다.

그렇다면, 여기서, 그 나무는 계절의 변화를 일찍이 알고 있었다는 것이 아니겠습니까? 어떻습니까?

후: 지구 계절의 변화에 적응한 것이겠습니다.

선: 그 적응의 바탕에는 지구의 어떠한 특성과 연결되어 있을까요?

후: 말씀하는 가운데 지구가 일정하게 돈다는 것….

그렇습니까?

선: 그렇지요. 나아가서 지구의 자전과 같이 공전도 그 속도와 회전 방향이 일정하잖습니까. 그러기에, 식물뿐만 아니라 지구

상 존재하는 모든 동물, 사람까지도 이 질서를 따라가고, 맞추어서 생활하고 있잖습니까. 생명체의 생성과 소멸 또한 마찬가지이고요.

후: 적응이란, 자기 환경 변화에 맞추어진 일종의 습관으로 볼 수도 있겠습니다.

선: 에-! 곧 시간적, 공간적 의미를 포함하고 있는 환경적 변화에 습관이 드는 것은 또한, 자기 조건에 안정하려는 것이겠고, 나아가서는, 이미 어느 정도의 예측적 판단을 갖게 되는 것으로 봅니다.

후: 좀 더, 깊은 의미로 성찰해 보아야 하겠군요.

선: 우리 인간도 지구를 바탕으로 살고 있기에 이러한, 시공간적 내외의 환경 변화에 적응된 속에서, 또 적응하면서, 변화하는 속에서도, 변화를 넘어서서, 변화하지 않도록 모든 과학적, 예측적 판단 수단을 사용하면서, 가능한 한 오래 안정하려는 것이겠죠.

즉 주위의 변화를 따라가면서 변하는 속에서도, 자기 안정을 찾아 변하지 않으려는 것으로 봅니다.

후: 그러니 크게 보면, 우리 인간의 문명, 문화도 변화 속에서 안정을, 또한, 안정 속에서 변화를 추구하고 있는 것이 되겠습니다.

선: 사실 우리 인류는, 이 지구라는 천체 속에서 한 생명체로 존

재하여 오는 동안, 얼마나 많은 하늘과의 소통을 원했던 것입니까.

한없이, 한없이, 하늘을 쳐다보고 기원하면서 복을 빌고 하늘을 믿고, 영원히 믿으면서, 때로는 그만큼 원망도 하면서, 영원히 변하지 않는 진리를 찾아 그 생명을 바치기까지도 한 것 아니겠습니까.

어느 누구나, 지혜가 밝고 어둡던, 크고 작던, 순간적이던 영원하던, 나름대로의 영원을 바탕으로, 진실다운 진실로 자기의 일상성을 영원화하고자 지금까지도, 영원히 노력하고 있잖습니까.

또 다 아시다시피, 인류의 모든 문명 문화가 이 과정에서 이룩된 소산이 아니겠습니까.

후: 참으로, 작다 하면 일상생활에서부터, 크다 하면 저 우주까지 믿음으로 통하고 있군요.

이것이 신앙과의 관계는 어떻게 될까요?

선: 인간 사이의 관계에선 의리나 믿음이요, 철학적 개념까지 포함하면 신념이며, 여기 영원성까지 포함하면 신앙이 된다고 봅니다.

후: 좀 더 설명하여 주시죠.

선: 매일, 땅에서 눈 뜨면 하늘 먼저 쳐다보고 하늘을 살피고 "오

늘 내가 어떻게 될까? 여기 이곳이 어떻게 될까?" 하는 관계를 찾고 있잖습니까?

나아가 좀 더 면밀히, 낮이면 하늘의 해의 하루 동안, 일 년 동안, 내내 살피면서 일력을 만들었고, 밤이면 달의 움직임을 지속적으로 관찰하여, 달력을 만들었으며 그래서 하루, 한 달, 일 년을 구분 지었고, 이것은 곧 해와 달의 공간적 변화를 나누어 시간을 만든 것이 되겠지요.

다시 말해서, 하늘의 해와 달의 공간적 이동 변화인 하늘의 변화를, 시간이라는 개념으로 인간 생활로 끌어내려 최고 높은 하늘 뜻을, 가장 낮은 인간 생활의 바탕으로 깔아서, 함께 어우러져 둘 다 하늘이라면 하늘로, 인간이라면 인간으로 어우러져, 이 시공 속에서, 변화하는 속에서 변하지 않는 진리를 찾아내고 춤추고 있는 것 아니겠습니까?

후: 과학적 개념으로 좀 더 밝아지는 것 같습니다. 그러시고, 우리 일상생활과의 관계를 좀 더 설명하여 주시면 어떨까요?

선: 하늘에서 태양을 중심으로 지구가 돌고, 지구를 중심으로 달이 따라 도는데, 다 아는 지구로 예를 들어, 그 회전 원리를 따라 설명하겠습니다.

태양이 지구를 끌어들이는 구심력, 즉 지구가 태양 안으로 끌려 들어가는 힘이 있고, 지구가 태양 밖으로 달아나려는, 지구가 탈출해서 외부로부터 독립하려는 힘인 원심력이 있어서, 이 양 힘이 같아진, 중심과의 위치 거리가 회전 반경이고, 이 양 힘이 같아진 위치를 따라 움직이다 보니 돌아가게 되는 것이고, 이것을 회전한다고 말하지요.

바꾸어 말하면 곧 회전은, 지구의 안과 밖으로 힘이 같아진 장소만으로 이동하는 현상으로서, 대외적으로는 "구심력 = 원심력"으로 양 힘이 평형된 상태입니다.

가장 팽팽하게 긴장된 순간이면서도, 그 내적으로는 어느 쪽으로도 힘의 변화를 느끼지 않는 가장 편한 상태를 맞이한 것입니다.

회전 반경은 그 영역의 크기를 의미하며 이 상태가 곧 이름하여 무중력 상태인 것이죠.

후: 선생님! 우리는 곧 이러한 상태를 찾고 있는 것입니까?
이러한 상태의 세계를 그리워하고, 찾아가고 이루려는 열망 말입니다.

선: 제가 보기에는 사회생활 속에서의 이상향 또는, 유토피아적인 자리라고 봅니다.

후: 그러니까 인간 개인의 생활 자체도 물론, 개인 성향에 따라 다르기도 하겠습니다만 근본적으로는, 우리 지구라든가, 더 나아가서는 우주의 기본 원리와 닮았다는 말씀 아니겠습니까?

선: 여기서 개인적 삶이 개인적이면서도, 영원을 바탕으로 하고 있다는, 물론 이상적 영원은 아닙니다만, 영원의 차원에서 이해하고자 하는 것입니다.

영원히….

후: 개인적 삶을 우주적으로 확대하는 철학이 되겠습니다. 또한 과학적으로 인간 심성을 확립하는 계기도 되겠습니다.

선: 그러면서도 어떤 면에서는 현실적으로 너무 먼 거리의 이야기로 들릴 수도 있겠습니다만,

조금 더 집중하여 개인적 삶을 과학적으로 끌고 들어가겠습니다.

인간은 살면서 늘, 의식하든 의식하지 못하든, 그 중심점에, 중심이 될 만한 것을 두고 그것을 실현시키고자 하고, 이 실행시켜 가는 과정이 생활이요, 삶이요, 인생이라 봅니다.

중심점은, 일반적으로 개인의 희망 사항인 것으로서 큰 의미에서 보면 종교, 사회일 것이고 작은 의미에서는 개인 사생활적인 것으로 볼 수 있겠습니다.

그러나, 개인의 상황에 따라 그 중심점인 희망 사항은 수시로 바뀔 수 있으므로, 그 중심에 무엇이 있느냐보다는, 무엇이든 그 중심이 생기면, 그것을 실행하고자 하는 외적 활동이 시작되는 것 아니겠습니까?

내적 자기중심과 외적 사회 활동의 양립.

그 평형!

어떻게 생각하십니까?

후: 저는 먼저, 그 중심점의 바람의 힘이 얼마나 크냐가, 그 외적 활동의 반경 크기와 활동력을 결정하리라 생각합니다.

선: 핵심적인 이야기입니다.

일반적으로는 그 중심에 사회를 두고, 그 사회로 진입하기 위한 준비를 어린 시절부터 각종 학문, 예술, 기타 많은 분야의 방향으로 자기의 적정 희망 분야를 찾아 배우고, 습득하면서, 각 분야의 사회적 최적임자로서 또는, 차후 사회를 이끌어 갈 사람으로 성장하면서, 그 내적 중심의 배움의 힘을 최대화하여 확립시키고 있는 것이잖습니까.

이 힘이 곧, 사회에 적응하고자 하는 힘인 것으로서 중심점의 구심력이 됩니다. 중심다운 중심으로서 어떠한 주변의 조건에서도 흔들리지 않도록 하는 것이며, 행복의 초점이 되기도 합니다.

이제, 이러한 내적 중심의 바람을 외적 사회로 나아가 실천, 구체화하면서, 현실인으로 살기 시작하면서, 외부로의 작용 힘이 발생하게 되고 이것이 곧, 자기중심으로 집중하면서도 자기를 중심으로부터 탈출을 시도하는 원심력이 되겠습니다.

힘의 균형은 본래로 없는 것이며, 외적 사회생활 실천 힘에 의해 원심력이 발생하는 그 순간, 그 중심부에서, 행복을 지키는 또는, 흔들리지 않으려는, 그 원심력에 상당해서 맞서는 구심력이 발생하게 되는 것입니다.

사회에 대한 자기중심력과 자기 실행력의 균형, 즉 적정한 사회생활을 이루면서 직진해 나아갈 때, 자기의 순간, 순간이 직선으로 달려가는 것 같아도, 지난 인생의 시공은 직선 방향으로의 인생 흐름이 아니라, 회전 방향의 인생 흐름이 시공간적, 입체적으로 구성되어지는 것으로 봅니다.

이때의 무중력 상태 곧, 양측의 힘을 느끼지 않는, 끊임없이 변화를 따라가면서, 회전하면서도, 안정을 이루는 행복점을 이루게 되는 것입니다.

후: 지금 선생님께서는 인간 내면 정신을 "상내 병형적" 또는 "회전력 평형" 삶의 이론을 말씀하시는 것입니까?

선: 인간 중심의 생각을, 시공적 입체 차원으로 보고, 구체화시켜 보는 것입니다.

후: 기존 사고방식과의 차이가 있다면, 무엇입니까?

선: 기존 사고방식이 직선 운동 감각이라면, 이것은 회전 운동 방식적 감각이라 할 수 있겠습니다. 단순 인간의 생활이라도 결국, 우주 속에서 일어나는 현상으로 해석함으로써, 인간을 우

주화하고 또한, 우주를 우리와 같은 동질로 하나로 봄으로써 우리 삶을 영속화하고자 한다고나 할까요.

앞으로의 우주 시대를 맞이하는 것이 되겠지요.

후: 선생님 말씀을 좀 더 이어 설명하여 주셨으면 합니다.

선: 아! 예!

나아가서는, 사소한 생활 선상에서도 각가지의 개인 성향에 따른 바람이 그 중심을 갖고 또한, 그 중심을 수시로 바꾸기도 하면서, 실제 이루어 가는 현실 사이, 작거나 크거나, 순간적이거나, 오랜 것이거나 하는 등의 행복을 추구하는 것이라 봅니다. 이러한 것의 불평형은 곧, 짜증이나 불안 공포 등으로 나타나겠지요.

좀 더 부연하면, 전자에서 양 힘의 균형은 자아 완성의 힘이 되고, 그 중심으로의 회전 반경 크기 및 범위는, 즉 사회 성공의 규모나 크기를 결정지으면서 살아온 삶의 영역으로 완성되는 것이라 생각합니다.

모든 살아온 시공의 영역은 흘러가는 것 같으면서도, 자기의 영역 속에서 경험으로 남아 시공을 둥글게 만들고, 그 둥근 것은 판상의 둥근 것이 아니고, 입체적 둥근상으로 완성된다고 보는 것입니다.

이것이 인생의 구형궤도(球形軌道)이지요.

후: 이러한 방식으로의 사고가 종전의 사고방식 행복론에 비해 차이가 있습니까?

선: 종전의 사고에서 행복은, 자기가 소망하는 바가 이루어지는 것인가, 아닌가에 결정되는 것이라면, 여기에서의 논법은 자기가 실행으로 나서는 순간, 내외 양 힘의 균형이 맞추어지면, 그 결과가 어떻게 이루어지느냐의 여부에 관계없이 내외의 자기 안정이 이루어지므로 이 평안 자체로 행복까지도 느낄 수 있다고 봅니다.

후: 그러니까, 행복은 결과론적보다는 자기중심 평형에서부터 시작된다고 보는 것입니까?

선: 결과론적 행복은 자기 소망이 이루어지는 것이 축복인데, 이루어지지 않을 때는 그만큼 큰 반대의 부정적 현상이 발생하는 것에 비해, 평형적 행복론에서는 그 결과도 중요하지만 먼저, 정부의 결과에 흔들리지 않는 것이고, 자기 속에서의 안정, 이것이 곧, 끊임없는 행진의 힘을 얻어 영속할 수 있는 가능성을 갖게 되는 것이라 봅니다.

감정에 흔들리지 않고 긴 호흡을 가질 수 있다는 것이지요.

스스로 행복이 이루어지겠지요.

후: 조금은 난해합니다. 이것은 신 사고입니까?

선: 아닙니다. 이미 선각자들은 이러한 개념을 깨우쳐, 완성시키고

있는 것을 우주적 관점으로 재해석한 것뿐입니다.

에-! 깨우침의 정신세계 구성을 입체적으로 전후, 좌우, 상하로 또한, 시간 개념까지도 포함 구성하는 것이 되겠군요.

후: 깨우침과의 관계를 좀 더 설명하여 주셨으면 합니다.

선: 에-! 깨우침이란 우주적 시공의 근본 지혜를, 개체적 존재의 생의 요소와 연결, 하나로 연결 통일화하고, 이 속에서 이 일 개체의 우주적 시공으로의 무한성 그리고, 그 무한 시공이 이 하나 개체로의 귀착, 하나로 완성되어 있는 개념을 확립하며, 이것을 생활 실천으로 완성시키는 것이라 봅니다.

즉, 인간의 존재감이 우주적 시공감으로 되는 것이겠지요.

여기서의 하나는, 하나가 있다는 상의 하나가 아니라, 이 하나의 상도 없는 이름하여 명목상 하나일 뿐이겠군요.

이미, 많은 지혜를 접하여 왔듯 모든 만상은 무한히 변하고, 변하지 않는 것은 없는 이 시공 속에서, 변하는 것을 따라가며 변하지 않는 진리를 추구하고, 찾아내어, 영원히 변하지 않는 진리를 확립하고, 생성 소멸하는 만상 속에서 생성 소멸을 벗어나, 여기 있는 영원을, 여기 이 순간, 이 삶에서, 실행하며 사는 것, 곧 영원이 순간이 되는가 하면, 순간이 영원화되는 시공의 꽃이, 이 삶이며

꽃입니다.

꽃으로 꽃으로 흐드러질 때 온통 꽃으로만 피어나는 또한 이
삶
변하지 않는 것
축복입니다.
복!

7

나 외에는 믿지 말라!

나 외에는 믿지 말라!

선: 나 외에는 믿지 말라!
   여기서 나는 어떠한 나인가요?
후: 절대적인 나 아니겠습니까?
선: 여기 평범한 나도 포함된다고 봅니까?
후: 제가 알기로는, 어느 선각자는 절대적 주장을 자기 한 사람만 가능하다 하고, 어느 선각자는 모든 사람 다 각자가 절대적이라고 가르치고 있는 것으로 알고 있습니다만.
선: 철학적 의미에서 보면 "나 외에는 믿지 말라!"는 것은 모든 인간 각자에게 해당하는 보편타당한 것이라 봅니다.
   각 개인은, 인간이라는 보편성을 갖고 있으면서도, 그 개체마다 갖는 독특성을, 동시에 갖고 있는 것 아니겠습니까?
후: 이런 의미에서 각 개체마다 영원성을 갖는다고 보아야 되겠습니다.
선: 나를 따라가 보도록 하겠습니다.
   오늘, 아침 평상적으로 눈 뜨고 일어나서 일상생활을 하고, 저녁이면 쉬는 나.

이것이 나다운 나입니까?

후: 평범한 나 아니겠습니까?

선: 앞으로의 희망을 갖고, 사회적 실력을 배가하면서 기치를 세우고 전진하는 나.

진정한 나 아니겠습니까?

후: 그렇습니다.

선: 끊임없이 많은 변수와 조건을 만나면서 나는 해결하기도 하고, 해결하지 못하기도 하고, 그런 속에서 나는 더욱 진실한 나가 되잖습니까?

후: 그렇습니다. 기쁨도 있지만 많이 아프기도 하잖습니까.

선: 내 속의 나이면서도, 내가 하는 일이 잘되어서, 나의 외부로부터 내 속으로 기쁘기도 하고, 나의 내부에서 더욱 박차를 가하면서 촉진하여 즐겁기까지도 한 나를, 계속 내적으로 만나고 있지 않습니까?

후: 그렇습니다.

선: 내 속의 나인데, 하는 일마다 안 되고 깊은 좌절을 할 때, 내가 나를 만나지 못하고 속으로, 속으로 들어가 나를, 외부로 외부로 일치시키려 해도 외부에서도, 나를 만나지 못하기도 하잖습니까?

후: 지속적 노력을 해야 하지 않겠습니까.

선: 외부로의 성공을 향한 더 깊은 내부로의 성찰,

　　나는 나의 내면 중심의 토대를 견고히 하면서, 그 가치를 높이고, 그만큼 합당한 외적 조건과 일치하게 신분 등을 상승시키고, 그만큼 믿고, 신뢰하는 자기가 되고, 외부로부터도 신뢰받는 자기가 되기 위해 최선을 다하고 있지 않습니까.

후: 점점 더 나를 세우지 않겠습니까.

선: 현 상황은 늘 변하고, 예측치 못했던 돌발 변수까지도 발생하므로 자기 판단 오차가 생기고, 이 시행착오를 따라 그 속으로 들어갔다, 나왔다, 들락날락하면서 끊임없이 해결해야 하고, 이러한 자기중심 내외로의 반복 이동 가운데 불안이 쌓이고, 공포까지도 쌓이면서, 그 내적 중심은 서서히 밖으로 이동하게 되잖습니까?

후: 스트레스를 스스로 해결해야 할 텐데 말입니다.

　　타인에게 영향을 주지 않으면서….

선: 그렇지요.

　　사실, 여기서의 스트레스 해결 방법은 굉장히 중요하고, 어떻게 푸느냐 하는 문제는 자기 습관을 만들게 되고, 이 습관이 쌓임에 따라 차후, 인생의 판도까지도 바꾸는 계기가 되는 것입니다. 신중해야 합니다. 개임식의 자기 해소, 즐기기식의 자기 해소도 있을 수 있겠습니다만, 내가 나를 잘 찾아서 오랜 후에도 나의 인생에 보탬이 될 수 있고, 긍정적이면서도, 지속적으로 자기를 다스릴 수 있는, 나의 발견을 향한, 나의 스트레스 해결 방법을 찾아야 합니다.

후: 지금 이것도 나다운 나라는 말씀이십니다.

선: 당연합니다. 그러니까 스트레스가 나답지 않은 나의 부수물 나의 불순물, 또는 나의 방해자 등인 나로 생각하기 쉽기 때문에, 가볍게 보고 착하게 처리하지 못하는 순간 내가 곧, 나를 흩트리고 마는 결과가 되며, 차후 후회를 초래할 수도 있습니다.

이것도 나다운 나이기 때문입니다.

내 속에서 발생하는 나답지 않은 나도 결국 "나" 아니겠습니까?

후: 나에게서 발생하는 것 중 나 아닌 것은 없겠지요.

성숙한 해결 방법이 중요하겠군요.

선: 인간의 본질 속에서는, 자기 외적 성공 또는 출세 등에 자기 가치를 두고 있기 때문에, 내외의 불균형이 심화될수록, 보이지 않는 나는 나를 무시하고, 우선 보이는 나, 외부로 나타내어 보이는 나로, 최대치를 이루려는 것이 문제입니다.

그것도 신속하게….

후: 생존의 조건 맞춤이겠지요.

선: 자기 외적 영역 극대치(사회적 대소 결정)에 도달하면 나 외에

는 남을 믿지 못하고 오직, 나만의 능력으로 일을 처리해야 안심이 되고, 꼭 내가 있어서 모든 일을 결정해야 하며, 미래 지향 가치 및 발전 방향 판단도 나만이 결정하게 되잖습니까.

나 외에는 믿지 말라!

실상, 내외 영역에서, 나의 내적 영역은 말라 버리고, 외적 영역으로만 내외 영역이 가득 채워져 지극히, 사회적 객관 개념만으로의 내가 되고, 순간, 순간 승리의 깃발을 들고 영원할 것 같지만, 곧 시간의 뒤안길로 쇠퇴하면서 그 내적 영역은 의외로 딱딱하고, 외로운 껍질만 남아 있는 것이 발견되고, 나는 나의 고독한 그림자가 되어 가겠지요.

살아온 나의 외적 사회 영역 가치로, 애써 위안해 보지만 이미 시간 속에 씻겨 가며, 그 흔적도 희미해져 가는 것.

나 외에는 믿지 말라!

빈 껍질만 시간 속에 동동 떠가는….

후: 또 그러면서도 자기들끼리 역사적 가치를 만들면서 어울려 가잖습니까.

가치 상실의 추억 속에 역사적 껍질을 영원히 남기고자….

선: 다시, 나 속의 나를 따라 가 보도록 하겠습니다.

잘 아시다시피, 인간은 언제나 대자연의 순환적인 변화 속에 놓여, 미미한 한 생명체로서 수시로 생명의 위협을 자각하면서 불안과 공포를 느끼고, 지속적으로 느끼면서 여기서부터 벗어나고자 영원을 찾고 있으며, 영원에 의지하면서 안착하고, 평화와 번영을 누리고자 하고 있는 것 아니겠습니까?

후: 그것이 인간의 종교 탄생의 기원이 되겠지요.

인류를 지켜 온 버팀목도 되리라 생각합니다.

선: 네! 그렇습니다.

종교가 인류 정신사적 세계를 이끌면서 인류 문명 문화 발전에 기여하였고, 지금도 계속 이루어지고 있잖습니까.

그러나, 제가 보기에는 어느 시대의 변혁보다도 지금, 급격히 인간이라는, 인간 존재의 아킬레스건에 대한 재조명이 요구되는 시대라 봅니다. 종교적 확대까지는 좀 더 두고 봐야 하겠습니다.

이름하여 현 인공 지능 문명, 컴퓨터, 스마트폰, 로봇 기타 인공 지능형 기기 등을 개발 사용하면서, 이러한 것들을 통해, 인간 능력의 한계와 부족함, 또는 불완전성을 완벽에 가깝도록 보완하고, 다시 말해서, 보통의 평범한 인간 어느 누구까지도, 완벽에 가까운 지식과 인터넷 등을 통한, 세계적 지식의 통합체까지도 자유로이 구사할 수 있게 되므로, 자기 지식의 한계를 뛰어넘는, 지식의 자유를 얻을 수 있고, 어느 누구와도 동일한 지식의 평등을 얻는 통쾌감이 수반되므로, 다 각자 스스로 어느 정도의 반열에 오른 신격화를 누리는 듯, 하는 것 같습니다.

후: 그러니까, 선생님 말씀은 어느 시대보다도 현 인류는 나의 시대를 만족하고 있고, 어느 것보다도, 인간 지식 갈망의 문을 최대로 열어 가고 있다는 것이겠습니다.

선: 스마트폰은 스마트폰경, 컴퓨터는 컴퓨터경, 인공 지능은 인공 지능경 등으로 등장하여 인간화를 통하여, 과거 어느 시대의 가장 귀한 책보다도 많이 읽은 종경(宗経)이 되고, 어느 성서(聖書)보다도 모시고 다니고, 잠시라도 들여다보지 못하거나 떨어지면 불안해서 못 배기는 듯한 내적 극치로의 표현화, 표면화된 외적 극치로 내적 극치를 즐기는 신기함, 새로움, 기쁨, 만족 나아가서는, 자기와 세계가 하나로 이어지는 통쾌감이, 인간의 존재감을 새롭게 전율시키고 있는 것입니다.

한 평범한 인간으로서, 평범성을 뛰어넘어 모든 인간들이 완벽의 목표를 갖고, 집대성해 가는 모든 분야의, 모든 지식의 성(城)을 터치 하나로 열고, 보고, 닫고, 서로 연결하면서 세계를 종횡무진하는 이것이 바로 신적 경지이고, 인간들이 만들어 놓은, 어떤 정치적 조직 등등 어떤 사회적 체계보다도 앞서고, 그 바닥에 깔려 가는 자유로움, 평등은 가히 대단한 것이라 봅니다.

"나 외에는 믿지 말라!"

후: 말씀 가운데 인간의 평범성이, 평범함을 유지한 채 완전한 지식 세계를 이루어, 내가 완전한 한 사람으로서 완성되어 다시, 태어나는 환희를 누리는 것이 되지 않나요.

선: 평범함의 평범은, 그 완전성 속에, 의외로 너무나 많은 고통과 시련, 인내해야 할 일이 있다고 봅니다. 그것도, 오랜 시간을 두고 견뎌 가며 내가 나를 지키며, 중단 없이 나아가는 지혜가 있어야 합니다.

왜 그런가 하면 내가, 나를 표현하는 말과 행동을 하면서 생활할 때 이것이 곧, 나의 시공을 내가 만들어 가는 중인 것이잖습니까. 내가 만든 나의 시공이 나를 자유롭게도 하고, 나를 옭아매기도 하는 것일 때 단순하였든, 신중하였든 일단, 표현되어진 것들이 차후, 나에게 나를 치는 칼로 되돌아와, 나를 재단하는 것이 되잖습니까.

후: 기성세대도 조심해야 되겠지만 특히 우리 다음 세대의 청소년들이 더욱 주의를 기울여야 하겠습니다.

선: 더 어린 유소년들은 이런 문화에 익숙해져 있고, 이런 분위기 속에서만 자라고 있기 때문에 이런 문제와 삶, 나아가서 는 인생 문제, 미래 문제, 먹거리 문제 등 새로운 시대상에 대해서 이 시대의 어른들이, 심도 있는 연구를 해야 할 것이라고 생각

합니다.

후: 인류는 영원히 발전하되 스스로 타락하거나, 파괴를 미리 예단하고 문명의 아름다운 꽃은 지속적으로 피워 나아가야 되지 않겠습니까?

선: 당연하죠.

인공 지능 문명은 나의 표현 분위기를 한껏 고조시켜서, 예쁘거나, 화려하거나, 신비스럽거나, 신선하거나, 고귀하거나 하는 분위기 가운데, 단순, 자유롭게 총체적으로 표현됨으로써 이런 것들을, 시대적 총아로서 마음껏 즐기는 것은 좋으나, 이러한 분위기에 빠져 너무도 쉽고, 가벼운 자기 표현 방식이, 나를 너무 쉽게 밖으로 노출 표현하게 되고, 일단 표현되고 나면, 거기에 내가 실려 나라는 한 인간의 생각, 신념, 사상 철학 등의 정신적 세계와 행동까지도, 또한 미래까지도 포함되어지는 것 아니겠습니까?

후: 선생님 말씀 속에, 이 시대의 문명 문화가 현대에 이르기까지, 그 얼마나, 많은 고통과 시련의 피의 역사를 겪었습니까.

그 속에서도 끊임없는 노력과 경쟁, 분산과 집합, 전쟁과 재기를 반복하면서, 스스로를 개발하고 발전시켜,

이 무한한 우주 가운데 떠 있는,

외로운 희미하게 푸른 한 점 지구,

이 지구의 한 인류가 이 문명을 우뚝 세운 것 아니겠습니까.

선: 감사합니다.

나 외에는 믿지 말라!

후: 감사합니다.

선: 이러한 인류사적 역사를 배경으로 한 지금은 찬란한 문명 문화를 이용하는 이 세대는 축복받은 세대이며, 축복을 축복으로 알아야 하겠습니다.

나아가서, 이 세대는, 이 축복을 다음 세대의 발전의 밑거름으로 삼아 중단 없는 지혜의 축복을 이어 가며, 내재된 고통이 없는 봉사와 헌신 또는 지혜는 없으므로, 여기에 수반되는 고통과 인내, 노력을 즐겁고도 당연하게 쏟아 부어 또한 축복이 지속적으로 이루어지기를 바랄 뿐입니다.

후: 우리가, 우주 시대를 맞이하여, 우주적 확장에 적응되는 지구적 삶의 생각이 다시, 고찰되어저야 하는 때가 아닌가요?

선: 네! 그렇게 봅니다.

지구 인류사적 방식에서 물질문명을 벗어난 경우는 없었습니다만, 이 속에서 크게 인공 지능 발생 전후로 분류를 하고 싶습니다.

물론 기계적 문명이든, 인공 지능 문명(양자적)이든 획기적이 아닌 때는 없었습니다. 양자 특성을 비교하여 보았습니다.

양 세계를 분류

순번	분류	기계 문명	인공 지능 문명	비고
1	구조	기계적 중량화 고도화	분자 양자적 미세화, 집적화	
2	보임 여부	보여지는 세계	보여지지 않는 세계	
3	주 성능	대량 생산 속도 증가 힘	기계 구조의 인간 대용 두뇌 역할 프로그램	
4	신호 체계	아날로그식	디지털식	
5	수리	10진법	2진법	
6	작업 방식	인간과의 합동 작업	인공 지능화 스스로 작업(로버트)	

 여기서, 우리가 중요시하여 볼 사항은, 인간이 만든 장치 또는 장비인 기기가 고도의 정확, 정밀한 미세 지능이 거대의 효과, 즉 하늘, 지구, 인간을 동시에 하나로 연결 연동시켜 단일화하고, 지구라트적으로 그 목표를 정하고 그 운용적 효과 또는, 결과를 확립하고자 그 의인화 장비에 많은 기능 복합 내포, 작동 단순, 정확, 정밀, 신속, 영구적, 환경적, 경제성까지 부여하고 포함시켜 기획적으로 프로그래밍화하고, 빅 데이터적 처리를 하고 있잖습니까.

후: 네-! 방향이 좀 다른 듯합니다만 여기서 우주적 장면이 떠오르는군요.

인간이 지구 밖으로 나아가, 우주적으로 지구를 제일 처음 보거나 또한 달에 첫발을 디디는 순간 곧, 내가 나의 밖으로 나아가 우주적으로 나를 볼 때, 이 파랗고 아름답고 영롱한 지구, 전 인류, 전 동식물, 전 사물, 사건 등을 담고 있는 한 알.

선: 그러니까, 이 한 장면에 인류의 첨단적 모든 기술이 총체적, 통합적으로 결합된, 지금까지의 인류 고뇌의 총결산이겠지요.

인간의 모든 정성과 언제나, 하늘로 향하는 간절한 기도가 어린, 하늘을 직접 열어본

인류사적

최초의 영광, 빛.

후: 참으로 아름답습니다.

선: 나 외에는 믿지 말라!

삶 속에서 자기 창조, 자기 속에서의 삶의 창조

어느 시대이든, 어느 장소에서든, 생명의 조건, 틈만 보인다면 그것이 비록, 지극히 미미한 생의 조건이라도, 거기서 그 틈 또는 미미한 조건만을 갖고도, 자기를 완성하려는 생명의 노력, 창조적 번성.

모든, 우주 진리는 스스로가 그 속에 있는, 우리가 스스로를

찾아 스스로 완성하기를 바라며, 모든 우주적 크고, 작고, 미세한 모든 변화는 곧, 이 자체가 창조였고, 이 변화를 따라 늘, 어떤 형태라도 적응해 가고 있는 것은, 인간이 분류해 놓은 것일 뿐인 생물체이든, 무생물체이든 그, 적응 자체가 곧, 창조를 완성시키고 있는 것이며, 이 자체가 우주가 갖고 있는 본성이고

스스로 우주적인…

우주일 뿐

가장 예언적인.

나.

8

밥은 빌어 드시고

밥은 빌어 드시고

I

선: 밥은 빌어 드시고,
　　허공은 빌어 보시고
　　소리는 빌어 들으시고
　　맛과 냄새 빌어 맛보시고, 맡으시고
　　느낌은 빌어 느끼시고
　　생각은 빌어 생각하시고
　　숨은 빌어 쉬시고
　　걸음은 빌어 걸으시고
　　합장은 빌어 하시고
　　우주는 빌어 웃으시고
　　무릎은 빌어 꿇으신 채…

Ⅱ

선: 직장인들 회사 잘되라 빌어 주시고 드시고
　　회사 경영인들 직원들 잘되라 빌어 주시고 드시고

　　학생들 학교 잘되라 빌어 주시고 드시고
　　학교들 학생 잘되라 빌어 주시고 드시고

　　환자들 병원 잘되라 빌어 주시고 드시고
　　병원들 환자 잘되라 빌어 주시고 드시고

　　정치가들 국민 잘되라 빌어 주시고 드시고
　　국민들 정치가들 잘되라 빌어 주시고 드시고

　　이 사회 모두 모두 잘되라 빌어 주시고 드시고
　　이 국가 모두 모두 잘되라 빌어 주시고 드시고

　　이 하늘 잘되라 빌어 주시고 드시고
　　이 우주 잘되라 빌어 주시고 드시고

　　서로가 서로들 빌어 주시고 드시고
　　서로들 서로를 빌어 주시고 드신다

III

나무가 잘되라 비바람이 빌어 드시고
비바람 잘되라 나무가 빌어 드시고

꽃이 잘 피어라 햇빛과 땅이 빌어 드시고
햇빛과 땅이 잘되라 꽃이 빌어 드시고

물이 잘 흘러라 바위가 빌어 드시고
바위가 잘 서 있어라 물이 빌어 드시고

청산이 하늘 잘되라 빌어 드시고
하늘이 청산 잘되라 빌어 드시고

곡식이 잘되라 계절이 빌어 드시고
계절이 잘되라 곡식이 빌어 드시고

하늘과 땅 사이 서로들 빌고 있으니
하늘과 땅 사이 스스로를 빌고 있더라

Ⅳ

선: 부모, 그 자식 잘되라고 빌고 빌어 드시고

　　부모, 그 자식 바라는 대로 가지 않아도 빌고 빌어 드시고

　　부모, 그 자식 뒤집어도 빌고 빌어 드시고

후: 그 자식 그것을 알겠습니까만,

선: 부모, 그 자식 학교 가는 꽁무니에다 대고 빌고 빌어 드시고

　　부모, 그 자식 차 타고 가는 차 뒤에다 대고 빌고 빌어 드시고

　　부모, 그 자식 잠자는 머리맡에다 대고 빌고 빌어 드시고

후: 그 자식 무엇이 그리 안타까운지

선: 부모, 그 자식 직장 잘되라고 빌고 빌어 드시고

　　부모, 그 자식 사업 잘되라고 빌고 빌어 드시고

　　부모, 그 자식 하는 일마다 잘되라 빌고 빌어 드시고

후: 그 자식 부모한테 눈 부릅뜨지나 않는지

선: 부모, 자식 잘못된 것 다,

　　내 잘못된 탓으로 알고 빌고 빌어 드시고

　　부모, 자식 부족한 것 다,

　　내 부족한 탓으로 알고 빌고 빌어 드시고

　　부모, 자식 훌륭한 것은 다,

　　네가 훌륭한 것으로 알고 빌고 빌어 드시고

후: 그 자식 지금까지도 부모한테 손 벌리지는 않는지

선: 부모, 자식한테, 다 주고 더 달라는 자식한테 억장이 무너져도
빌고 빌어 드시고

부모, 자식한테, 자기에게 무엇을 해 줬느냐고 따지고 소리치
는 자식에게 심장이 두근거려도 빌고 빌어 드시고

부모, 자식한테, 다시는 이 집에 오지 않겠다고 돌아 나가는
자식에게 앞이 캄캄해져도 빌고 빌어 드시고

후: 언제까지 빌어야 되는지

선: 부모, 자식 잘되라고
눈에 흙 들어가는 날까지 빌고 빌어 드시고

부모, 자식 잘되라고
허리 꼬부라지는 날까지 빌고 빌어 드시고

부모, 자식 잘되라고
자기가 하늘 사람인 줄 아는 날까지 빌고 빌어 드시고

후: 그 빌어 드신 덕이 있기는 해야 할 텐데

선: 부모 공덕에 출세해서
잘되었는지를 알더니 빌고 빌어 드시고

부모 걱정에 저의 고민이
해결된 줄을 알더니 빌고 빌어 드시고

부모 죽은 후
한 줌 재 가슴에 안고 눈물 흘리며 빌고 빌어 드시고

후: 그 빌어 드신 덕이 있기는 있어서

선: 자기 인생 멀리 내다보면서 스스로 달려 나가 살며,

    빌고 빌어 드시고

    자기 인생 통째로 바치는 노력 헌신하면서 살며,

    빌고 빌어 드시고

    자기 인생 일체의 불만을 속으로 삭히면서 오뚝이 서서 살며,

    빌고 빌어 드시고

후: 오직 빌 수밖에 없으니

선: 밥상머리 앞에 놓고 빌고

    내 밥이 네 밥이니 빌어 드시고

    네 밥이 내 밥이니 빌어 드신다

V

내 속에 있는 나를 빌어 나를 내어 놓고
내어 놓은 나를 내 속에서 빌고

저 사람 속에 있는 나를 빌고
저 속에 있는 저 사람을 빌고

저 사람 자기 속에 있는 나를 빌고
내 속에 있는 자기를 또한 빌고

내 속 자기와, 자기 속 내가 서로 마주 앉아 빌고
너와 내가 진정한 하나 되어 빌고
서로 닮아 가며 빌고

내 속 내가 빛을 닮아 가며 빌고
네 속 네가 빛을 닮아 가며 빌고

내 속 빛인 듯 네가 빛이 되어 빌고
네 속 빛인 듯 내가 빛이 되어 빌고
한 빛으로…

빛은 "영원"이 합장하고 있는 모습이다

9

동쪽 하늘은 어떻든가요?

동쪽 하늘은 어떻든가요?

선: 동쪽 하늘은 어떻든가요. 그 크기가?

후: 무한하지요.

선: 남쪽, 서쪽, 북쪽은 또 어떻든가요?

후: 더 무한하지요.

선: 그러면 사방팔방에다 상하까지 합치면 또 어떻습니까?

후: 더욱 무한하지요.

선: 저 하늘이 무한하다는 것을 아는 것은 지금 누구입니까?

후: 저이지요.

선: 내가 하늘이 무한한 것을 아는 것은 나이니, 내가 또한 무한하다는 것이겠지요.

후: 아—! 예—!

선: 이제 저 하늘이 과거, 현재, 미래에는 어떨까요?

후: 저렇게 영원하겠지요.

선: 그럼 삼세(三世: 과거, 현재, 미래)가 영원할 때 그 영원을 아는 것은 또 누구인가요?

후: 나 이군요.

선: 내가 영원을 아니, 내가 곧 영원한 것 아니겠습니까?

후: 예-!

선: 그렇다면 나는 시공의 시간적 삼세(三世)와 공간적 시방(十方: 四方八方 上下)과 함께 시방삼세 무한하군요.

후: 그렇습니다. 멋있군요.

선: 여기 바늘 끝을 좀 보시죠. 어떻습니까?

후: 뾰족하죠.

선: 크기는?

후: 아주 작죠. 상대적으로….

선: 이 무한히 작다 하면 작은 끝을 볼 수 있다는 것은 곧, 그만큼 내가 작다는 것도 되겠습니다.

후: 예!

선: 지금, 본인이 무한한 하늘을 쳐다보다가 이 작은 바늘 끝을 쳐다보거나 또는, 이 작은 바늘 끝을 쳐다보다가 저 하늘을 쳐다보거나, 서로 바꿔서 볼 때, 많은 시간이 걸립니까? 아니면 그냥 순간적으로 눈을 돌리면 그냥 이렇게 보이나요?

후: 시선을 바꾸면 바로 보게 되지 않습니까?

선: 그러니까 시간이 걸리지 않는다는 것이지요?

후: 아! 그렇군요.

선생님 말씀은, 큰 것을 보다가 작은 것을 교대로 본다 해도,

크거나 작아지는 데 시간이 걸리지 않는다는 것을 지적하신 것이군요.

선: 바로 그것입니다.

어떻게 그것이 가능할까요. 무한소(無限小)가 무한대(無限大)로 커지고, 무한대가 무한소로 작아지는데 왜, 시간이 걸리지 않습니까?

후: 시선이니까요. 즉, 보는 것이니까요.

선: 시선을 통해 보았잖습니까?

알았잖습니까?

후: 제가요?

선: 그렇습니다.

그러니까 큰 것도, 작은 것도 다 나이기 때문이요, 내 속에서 내가 작아지고, 내 속에서 내가 커질 때, 나이기 때문에 시간이 걸리지 않고, 그냥 내가 아는 것이리라 생각됩니다.

후: 참으로 나라는 것은 무한하군요.

선: 다만 자기가, 자기를 잘 몰라서 한계를 긋는 것뿐입니다. 계속 바늘 끝만 쳐다보고 있으면 어떨까요?

후: 계속 바늘 끝만 보이겠지요.

선: 그런데 왜 계속 바늘 끝만 쳐다보며 살지요.

누가, 이 세상을 살면서 바늘 끝만 쳐다보고 살라고 명령했나요?

돈, 돈, 돈. 명예, 명예, 명예. 권력, 권력, 권력. 저 스스로 바늘 끝만 쳐다보고 살고 있는 것 아닌가요?

위대하되 바늘 끝만 맴돌고 있잖습니까?

후: 하-! 어리석군요. 아니, 가장 현명한가요.

선: 바늘 끝을 놓고 그냥 저 하늘을 보면 되지요. 순간 마음이 확 넓어지잖습니까?

후: 누가 제한한 것도 아닌데 말씀입니다. 누가 그렇게 하라고 해서 하겠습니까?

선: 자기가 그렇게 자기를 옭아매고 있을 뿐….

그렇다고 하늘만 쳐다보고 산다는 것도 문제이지 않습니까?

후: 발은 땅을 디딛이고 있어야 하겠지요. 현실이라는 땅을….

선: 에- 또 질문을 드리겠습니다.

이 세상에서 가장 나약한 것은 무엇일까요?

후: 연기같이 사라지는 것 아니겠습니까.

선: 그 연기도 사라지는 대로 그대로 두는 약한 것이라면?

후: 곧 허공 아니겠습니까?

선: 사라지는 연기도 어쩔 수 없는 것이지요. 이것을 알고 있는 것은 또한 누구인가요.

후: 나입니다.

선: 내가 나약하다면 또한 가장 나약합니다. 그러나 이 세상에서

가장 강한 것은 무엇인가요?

후: 그야 다이몬드 아니겠습니까?

선: 이 다이몬드는 어디서 생겼나요.

후: 이 우주 별 생성시 고온, 고압에 의해서 생기지 않았습니까.

선: 그러니까 허공에서부터 시작되어진 것 아니겠습니까.

후: 그렇지요.

선: 그러니까 허공은 어떤 약한 것보다도 약하고, 어떤 강한 것도 포용한, 강한 것보다도 강한 것입니다.

이것을 알고 있는 것 또한 "나" 아니겠습니까?

후: 그러니까 선생님 말씀을 정리하면 가장 약한 것도 허공이 요, 가장 강한 것도 허공인데, 그것을 알고 있는 것이 나이니 곧 나는, 약하다면 한없이 약한 것이요. 강하다면 한없이 강하다, 이런 말씀이십니다.

선: 먼저 드린 말씀까지 종합하여 보면 나는 무한히 작다 하면 작은 것이요, 무한히 크다 하면 큰 것이요.

또한 무한히 약하다면 약한 것이요, 무한히 강하다면 강한 것이 되지요.

이것을 일명 금강(金剛)이라고도 하지요.

후: 금강이란 "가장 단단하다"라는 뜻 아니겠습니까?

그러니 부술 수 없는 것이라는 뜻도 있지 않습니까?

선: 그렇지요 그리고 "영원"을 어떻게 생각하십니까?

후: "가장 오랜 것" 아니겠습니까? 시작도 없고 끝도 없는….

선: 그리고, 더해서 다양한 관점으로 보면 영원은 어떠한 변화시에도 변하지 않는 것, 또한, 어떠한 어려운 때에도 흔들리지 않는 것, 또한 모든 것의 바탕에 깔려 함께하는 시간, 영속하는 것이 잖습니까?

또 이것을 아는 것은 누구입니까?

후: 나입니다.

선: 지금 내가 영원을 말하는 순간, 순간적으로 영원을 생각하고 있잖습니까?

후: 그렇습니다. 그러니까 내가 영원하고요,

선: 지금 영원이 어디 있는 겁니까?

후: 여기입니까?

선: 지금 여기!

여기를 계속 지켜 나갈 때, 내가 계속 나를 지켜 나가면서 영원은 여기서 만들어지는 것, 저기 어디 있는 것이 아니고….

저기 어딘가 별도로 있다면 그것은 하나의 망상이지요.

이름하여 있다고 봅니다.

후: "이름하여"란 어떤 의미입니까?

선: 우주 삼라만상은 잠시도 멈추지 않고, 변하지 않는 것은 없잖습

니까. 인간은, 이 모든 상형질 변화 및 그 모든 질서의 변화까지도 일으키고 수용하는, 그 바탕에는 변하지 않는 곳, 시공이 있으리라 상정하고, 이 기준을 영원과 무한이라 표현하는 것 아니겠습니까.

후: 구태여 그렇게 상정하는 이유는 무엇입니까?

선: 우리는 영원해지고 싶어 합니다. 삶이란 불완전한 순간으로부터, 그 껍질을 가능한 한 오랫동안 벗고 싶은 것입니다.

후: 꼭 그렇게 그런 개념을 두어야 합니까?

선: 누가 그렇게 둔 것이 아니고 인간, 인류가 스스로 택하여 스스로의 역사를 그렇게 꾸미고 있는 것입니다.

후: 그렇다면 영원, 무한의 개념을 개인이 선택해도 그만, 선택하지 않아도 그만 아닙니까?

선: "있다 하면" 있고 "없다 하면" 없는 것입니다.

그런데 단 잠시 또는 하루라도, 어느 한 가지의 일이라도, 스스로 더 오래되도록 잘하고, 크게 안정하기를, 자기 스스로 최선을 다하고 있으니, 누가 그렇게 하라는 것은 아닙니다.

스스로의 염원이 스스로를 이끌고 있는 것입니다.

영원!

후: 그러시면, 영원은 자기 스스로 몸에 밴 대우주의 자기 즐김이며 대우주가 또한, 자기를 택하도록 하며 즐깁니까?

선: 얼씨구!

확실한 대우주 영상 쇼입니다.

후: 절씨구!

나의 노래이군요.

선: 나아가서 제 스스로 매일 같이 하늘을 쳐다보고, 땅을 쳐다보고, 자기를 가늠하며, 스스로 저 무한 시공을 향해 허공에 떠 있는 채로 날고 있는 것입니다.

무한히 크다 하면, 크다고 볼 수 있는 나를, 자기 스스로 생의 영역을 만들어 놓고, 그 속에 들어가서 안착하고, 즐기고, 서서히 스스로 갇히고, 무한히 강하다 하면 할 수 있는 나를, 스스로의 능력만큼 삶의 울타리를 치고 그 안으로 스스로 들어가서 안착하고, 즐기고, 서서히 갇히고, 영원하다면 영원할 수 있는 나를, 스스로 자기의 한계를 느끼면서 그 내부로 들어가, 스스로 열어 놓은 우주 창문만큼 밖을 내다보며 그 정원을 즐기고, 안착하고, 서서히 갇히려고 합니다.

후: 필연적인 것입니까?

선: 필연은 인간이 영원을 향해 관계를 맺는 것일 뿐, 자기 영역 속에서 즐기면서도 그 한계를 또한 스스로 괴로워하니 이것은 자기 필연입니다. 영원은 늘 담대하면서 나의 노력만큼, 그만큼만 열어 주되 그것은, 그만큼 닫힌 문이기도 한 한계이고,

필연적인 것입니다.

후: 그럼 필연은 자연적인 것입니까?

선: 필연은 자연적인 것이되, 자기 한계를 벗어나려고 필사적으로 노력하는 것도 필연입니다.

인간이 자기의 한계를 벗어나려고 필사적으로 노력하는 것입니다. 영원히 무한한 외적 대자연 속에서 무한히 작고, 나약하며, 순간적이기도 하지만, 마음먹기에 따라, 그 끊임없이 불타는 내적 정신이 무한히 크고, 강해질 수 있고, 영원을 찾아 인류를 이끌어 인간적이면서, 지구적 문명, 문화의 행복을 구가하고 있는 것입니다.

나아가서 광대한 대우주 속으로 향할수록 그 본성이 보여지는 세계를 운용하는 것은, 보여지지 않는 세계의 미소한 힘의 구성, 자연 법칙이 연결 완성되어 있음을 깨우치며, 대우주에서부터 하나의 미세 분자까지의 극대에서 극소로, 한 전자의 가벼움에서부터 무한 우주 무게까지, 순간적이면서도 영원까지, 보이는 세계에서부터 보여지지 않는 세계까지, 하나로 통일된 원리를 밝히고, 그 스스로가 밝아져, 인간 개체의 생명과 그 인생, 그 행복을 영원과 무한의 동일 차원으로 승격화하고자 하는 것입니다.

필사적인 것입니다.

후: 얼마나 숭고합니까?

　인간이 인간을 영원무한화하고자 하는 노력.

　얼마나 많은 문을 열고 나가야 하는지, 까마득한 아픔.

　얼마나 위대합니까?

　영광도 따르겠지요?

선: 영광이란 지금 여기 살아 있는 것입니다.

　별도의 보상이 있거나 기대한다면, 그것은 망상일 뿐입니다.

　이 또한 필연적인 것입니다.

후: 예-!

　영광에 주어지는 것이 없다면….

　이렇게 인간이 "왜?" 그렇게 자기 한계에 필사적인 것입니까?

선: 필연은 필연적으로 자연적이기 때문입니다.

　잘 아시다시피 인간에게는 인류의 역사만큼이나 길게 인간이라는 범위 내에서 누구에게나, 언제나, 예외 없이, 끊임없이 따라 붙는, 꼼짝할 수 없는 곧

　죽음!

　필연적 아니겠습니까?

　어느 누구도 아직까지 이 죽음을 넘어선 사람이 없었고, 없었다면, 죽음 앞에서 오히려 죽음을 무릅쓰고 그 위기를 뛰어넘거나 또는, 순종하거나 하면서, 그 과정에서 인류 문명

문화가 자연스럽게 이루어진 것이고, 여기에서 인간은 절대적인 영원과 무한함을, 절대적으로 찾아 나설 수밖에는 없었다는 것입니다.

그럼으로 "순간의 삶도 곧 영원무한함이다"라는, 그만큼의 적극적 삶을 찾은 것이고, 이것이 곧, 순간의 삶을 절대적 가치로 영원, 무한화하며, 죽음까지도 극복한 것이고, 나아가서는 죽음까지도 넘어서서 연이어 여기까지 도달한 것입니다.

육신이 죽는, 태어난 것은 반드시 죽는, 이 일반적이고 지극히 평범한 논리가, 일반적인 모두에게 해당되었기에 일반적인 것이 아닌 오히려, 특별한 것이 되었고, 모두 다 해당되었기에 모두 다 하나로 되는 인간, 나아가서는 모든 동식물 생명체, 또는 존재의 무생물까지도, 현재 이름하여 우주라고 명칭하는, 현재의 인간이 감각할 수 있는 범위의 우주든, 감각 밖의 우주에서까지도, 어떤 상형질의 존재이든, 하나가 되는, 하나가 되도록 하는 이 우주의 드라마틱한

감동….

영원하고 무한한 정신.

지혜!

후: 아름답습니다.

선: 멋이지요.

후: 선생님 말씀은 늘 이미 있었던 말씀이라고 하시는데 이 지금 논리도 이미 있었던 것이겠습니다.

선: 당연합니다. 이미 선각자께서도 다 하신 말씀입니다.

다만 새로운 각색을 시도하는 것뿐입니다.

그리고 이러한 것은 각 개인이 자각을 하든 못 하든 각자 속에서 스스로 완성되어 있으며, 스스로가 발견하고 사느냐, 발견하지 못하고 사느냐, 스스로의 이루어짐의 차이이고, 스스로 발견하지 못했다 해도 생명 속의 영원함과 무한함은 스스로 그런대로 이어져 왔고, 이어져 갈 것이라 생각합니다.

"다만 내가 모를 뿐!"

후: 내가 나를 안다는 것은

나를 아는 것이군요.

선: 필연입니다.

후: 필연이면 어떤 것입니까?

선: "삶 = 죽음!"

환합니다.

10

자세를 반듯하게 앉아서

자세를 반듯하게 앉아서

선: 자세를 반듯하게 앉아서 편안한 마음으로 모든 생각을 내려놓고 그리고 조용히 자기 속 마음의 눈으로 자기 단전(배꼽 아래 두 손 모아지는 곳) 응시하여 보신 적이 있습니까?

후: 생각을 내려놓으라는 것은 비우라는 뜻입니까?

선: 예! 그렇죠.

후: 비우라는 것은 현실 생활 속에서 어딘가 부족해진다는 것 아니겠습니까?

선: 오히려 일상생활 속에서 부족한 자기를 발견하고자 하는 것입니다.

후: 어떤 면에서는 자기 부정적 요소도 있는 것 같아서요. 현실 생활에서의 자기 도피 또는, 현실 실패감에서 오는 자기 합리화로도 비처질 수도 있잖습니까?

선: 부정적인 요소인 정신적 도피성, 실패감 등을 오히려, 녹여서 자기 정신을 깨끗이 정화하고자 하는 것입니다.

후: 그리고 자기를 발견하고자 하는 것이라면, 우리는 일상사 속에서 이미, 자기를 반듯이 하고 생활하고자 노력하고 있잖습니까?

선: 당연합니다. 일반적으로 다 자기가 반듯하게 생활하고 있습니다만, 복잡다단한 생활 속에서 때로는 진정한 자기 발견이 어려울 경우도 있지 않겠습니까?

마치, 거울이 많이 달려 있는 방 속에서 서로 비추어 진정한 자기 모습을 찾기 힘들 듯이….

에-! 또, 자기 발견이라는 것이 개인에 따라서는 더욱 절실할 수도 있고 또한, 절실할 때가 있는 경우도 있겠지요.

후: 그리고 아랫배 단전에 내적 응시를 하라고 하셨는데, 단전에 어떤 의미가 있는 것입니까?

선: 배꼽이라는 것은, 인체가 어머니 배 속에 잉태될 때, 그곳으로 영향을 공급받았던 탯줄인 곳이고 차후, 차단되었다가 정신을 그곳 및 그 근처 약간 아래쪽에 모으면 몸 전체의 에너지 순환이 인간 초기와 같아지지 않나 생각하는 것입니다. 여기에 관계된 많은 요가 문헌을 참고하시기 바랍니다.

후: 그것은 과거로의 회기는 아닙니까? 전진만 해도 늦어지는 세상이잖습니까?

선: 전진 속에서 지치고 고단할 때 오히려, 자기 고향에서 쉬고 전진을 지속시킬 수 있는 힘을 얻을 수도 있지요.

부모로부터 잉태 되어진 모성, 자기 고향으로 자기를 회귀시켜 자기 속에 남아 있는 모든 부정적 찌꺼기를 정화하고자 하는 뜻도 있는 것이며, 근본적으로 선한 자기 본성을 회복하고자 하는 의미도 있습니다.

후: 부모로부터 태어나지 않은 사람은 없으니 정신적 차원에서는 누구나 중요한 의미를 갖는군요.

선: 정신적 차원에서, 더 나아가 부모로부터 태어나기 이전의 자기 모습까지도 발견할 수 있는 길이 되며 또한, 육신적 의미에서도, 자기 몸의 균형 발전 유지에 지대한 효과가 있는 것으로 압니다.

후: 일부 종교에서의 선택적인 문제가 될 수도 있잖습니까?

선: 어떤 의미에서든 종교와는 관계가 없고, 인체적 지혜의 차원에서 정신적 균형과의 관계 발전에 필요한 것일 뿐입니다.

후: "부모로부터 태어나기 이전"이라는 말씀은 어떤 신적인 경지까지도 느껴지는 것 아니겠습니까?

선: 평범한 자기 내면에 있는 자기 지혜를 깨우치는 것뿐입니다. 깨우친다는 것도, 자기 내외의 모든 조건과 자기와의 관계, 나아가서 인류 또는, 우주와의 관계까지도 알아차리는 것일 뿐입니다.

그래서 이 순간의 삶을 영원화, 무한화까지도 확장하고자 하는 노력일 뿐입니다.

일반적으로 이때의 총지혜를 길 즉 도(道)라 말하고 있잖습니까? 시작도 나요, 그 끝도 나여서, 나로 시작하여, 나를 소용돌이쳐 나를 한 바퀴 돌고, 모든 것과의 관계, 나아가서는, 우주적 나와의 관계까지 터득하고 결국, 나로 돌아와 나를 끝맺으니 거기가 여기고, 여기가 거기고, 나인 나, "나 = 나"이고, 처음과 끝이 같은,

"처음 = 끝" 이야기라는 것이지요.

후: 제 생각입니다만 "도(道)" 하면 일반적으로 어렵다거나 너무 깊고 심오하게 와닿는 것 아니겠습니까?

선: 자기를 찾아가는 과정이 치열하기 때문에 오는 감이겠지요.

후: 물론, 깊은 지혜를 터득한다는 자체가 다 어렵겠습니다만, 일반론적으로 어렵다면 어떤 것이 있겠습니까?

선: "자기가 자기를 비운다는 것" 이것은 처음도 끝도 그리고 지속적으로도 어렵습니다.

왜 그런가 하면, 이것은 자기의 하향 개념적 생각에서 시작되는 것에 비해, 우리의 일상생활은 늘 "채운다!"는 관점, 또는 상향적 관점으로 시작 유지된다는 점에 있습니다.

이 정도는 배워야 하고, 이 정도는 잘 살아야 하고, 이 정도는 돼야 하고 등등, 끝도 없이 한도 없이 자기 욕망을 채우고 높이면서 스스로를 즐기고, 만족하려고 하는 데 있고 이것이 생각보다 쉽게 잘 이루어지지 않으니, 이제 여기서부터 모든 재

앙이 싹트기 시작하는 것이고, 이 생각을 잘 보면 전부 다, 자기 욕망 외곽 내부를 채우는 개념과, 자기 신분 상승을 높이는 개념과, 이것을 시간적으로 길게 갖고 싶은 영속적 개념의 합작으로 이루어진 것 곧 "마음"이라는 것이지요.

이 마음이 부글부글 끓기 시작하니 온통 다 시끄러워지고, 치고받고, 물고, 뜯고, 죽이고 하는 것 아니겠습니까?

많이 갖고, 높이 오르고, 오래오래 누리고….

후: 사실 인류 역사적 의미도 이 범주였고 그래도 이 속에서 지성이 살아 있어서 스스로 순화시키고자 종교, 문명, 문화를 발달, 자기 정화를 지속적으로 해 오고 있는 것 아니겠습니까?

선: 인류의 고귀한 점입니다.

후: 그러니까 말씀을 다시 정리하면 "자기를 비우라"는 뜻은 자기의 욕망적 개념, 즉, 실은, 인간은 늘 채운다는 개념에서만 살고 있었기 때문에 저쪽에서만 본 개념이다, 하는 것이겠습니다.

선: 반대로 태어나면서부터 근본이 비워져 있는 생의 개념에서 보면, 자기 고향으로 돌아오는 자기의 이쪽으로도 볼 수 있는 것입니다.

후: 결국 이쪽도 저쪽도 자기겠습니다.

선: 하나입니다.

후: 여기서 무엇을 얻습니까?

선: 얻는 것이 없으면 억울합니까?

아무 의미도 없습니까?

후: …….

얻는 것이 없는 것을 얻습니까?

선: 깨우침(覺)이라 하죠.

후: 흔히 "인생은 뜬구름 같다"느니 "허무하다"느니 하잖습니까?

깨우침과는 어떤 관계입니까?

선: 인생을 한 조각 뜬구름과 같은 하나의 상으로 보는 것입니다만, 허무한 것과는 다릅니다. 허무는 욕망 쪽에서 본 이루어진 바가 없다는 뜻이고, 일상 의식에서 본 정신 깊이도(참조: 그림4. 心深圖)를 보면 그 깊이는 가히 끝없이 깊고, 끝없이 넓고, 크며 또한 영원히 영원한 것이겠습니다.

이러한 영원의 관점에서 인생을 볼 때 이 짧은 인생을 한 조각 구름으로 또는 환상, 꿈, 물거품, 번개 등과 거울에 비치는 형상, 물속에 비쳐 잠겨진 달 등등, 순간적이고도 근본 자취도 없이 사라져 버리는 의미의 비유이며, 인생을 무시하고자 함이 아니라 오히려, 번쩍하는 순간의 삶 전체를 한 알 지혜의 구슬로 금강화하고자 하는 것입니다.

언제 어디서든 구를 수 있는….

깨지지 않는….

후: 심심도(心深圖: 그림4)에서 용심선(用心線)에 대해 좀 더 설명을 하여 주셨으면 합니다.

선: 일반적으로 철학(哲學)에서, 생각 자체의 사유(思惟)를 통하여 이루어지는 정신세계를 형이상학이라 하고, 물질에 관계된 것을 형이하학이라 분류하는 것에 비해, 생각 자체가 쉬는, 의식 자체가 사라진, 잠재의식만 존재하는 그 정신의 세계입니다. 예를 들어, 잠이 들까 말까 할 때, 잠이 들면 들었던 볼펜도 떨어뜨리는데, 의식이 있으면 그것을 다시 잡는 그 정신의 선이 되겠습니다.

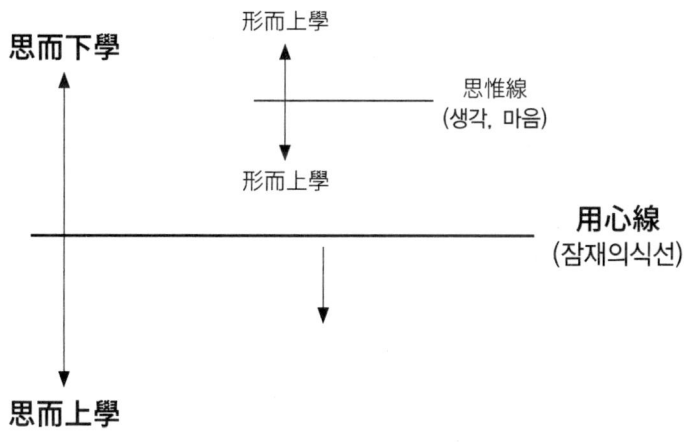

그림4. 심심도(心深圖)

이 선을 중심으로 생각이 있어 작용하는 모든 영역은 사이하학(思而下學), 그 잠재의식 밑의 깊은 의식 작용 영역은 사이

상학(思而上學)이라 호칭하고, 동양의 현자들은 주로 이 깊은 영역가지도 확철하고 있는 것으로 압니다. 일반인들은 의식 생각을 갖고 의식 선에서 끝나나, 현인들은 이 의식을 갖고 잠재의식 바닥까지 도달하였고 나아가서, 그 바닥도 사라진 처(處)가 없는 처(處)까지 도달하신 것으로 알고 있습니다.

후: 이 용심선에서 평범한 사람과 현자들 사이 경계를 이루는군요.

선: 어떠한 경계도 없습니다. 인간과 인간 사이뿐만 아니라, 모든 자기 생명을 갖고 태어나는 생명체는 다 있는 것으로 보며, 육신적 또는 물질적 한계와 자기를 운용하는 의식적, 정신적 또는 넓게 보면 마음이라는 영역 사이 경계를 자기가 알고, 모를 뿐, 성속(聖俗)의 차이는 없고, 스스로 나누어질 뿐입니다.

후: 잠재의식이 없는 인간은 없으니 용심선 하향 깊은 자기 본처는 누구나 갖고 있다는 것이 되겠습니다.

선: 그렇습니다.

모든 만물은 다 잠재의식을 가지고 있다고 봅니다.

후: 지금까지의 말씀을 종합하여 보면, 자기가 자기 욕망을 갖고 그것을 이루려는 정신을 또는, 마음을 그 방향으로 쓰다 보니 움직임 자체가 스스로 내적경계(이름하여 用心線)를 갖게 되었다 하는 말씀이시겠습니다.

선: 다시 한번 강조하지만, 스스로가 스스로의 우매함과 현명함

의 경계도 만들었고, 근본적으로는 이 경계선도 없다 하는 것입니다.

후: 좀 답답해집니다. 물론 이것도 저이겠습니다만 그럼, 근본적으로 이런 경계선은 없는데도 실제 살아가면서 경계 즉 사이하학선을 가질 수밖에 없는 것은 인간의 결함 사항입니까?

선: 자아 완성을 이루고자 하는 극히 자연적인 현상이며, 인간 우수 창조성이 있기 때문입니다.

단, 시간을 서두르는 조급함이 문제가 된다고 생각합니다.

변화무상한 자연 속에서의 신속한 적응 그것이, 인간 내면에 깊이 뿌리 박혀, 잠재의식적으로, 나아가서 유전적으로까지 인식되어져, 자기 육신 곧, 물질적 안정 곧, 생명 유지(목숨 유지)를 위하여 최대 감각을 이루고 있는 것이 되고, 이것도 하나의 방향성을 갖게 되는 움직임이고, 그러므로 어떠한 이 우주 내의 움직임, 즉 방향성(기계적 양과 전기적 양등, 물리적 양 또는 화학적 양의 변화나, 정신 세계적 양과 비정신 세계적 양의 변화, 보이는 세계적 양과 보이지 않는 세계적 양의 변화, 생명체적 양과 무생명체적 양의 변화 등등) 또는, 목적성이 나타나면 반드시 반작용 특성이 나타나게 되는 것이라 봅니다.

여기서 인간에게는 생명 적응 현상 바닥에 공포(죽음에 맞서는), 즉 생명 유지 방향에 그 반작용으로 두려움이 내재되면서, 육신을 아끼고 보호하며, 더 나아가서는 잘 살고, 오래 살고 기타 등등 확장 욕망을 내게 되는 것입니다.

지극한 우주 내의 우주 한 원리를 따르는 것뿐입니다.

신속한 변화에 따른 신속한 적응성 곧 신속성이 이러한 성질을 더욱 가속시켜 그만큼 빨리 크게 안정하고 싶은 것 즉, 욕망(이름하여 욕망)을 내게 되는 것이고, 내재적으로 그만큼 공포도 커지게 된 것입니다.

후: 말씀을 다시 한번 정리하면 인간의 욕망 자체가 결함이 아니라 우주적 삶의 적응 현상으로 지극히 자연적 현상이며, 생명 유지, 차원의 필연적 현상이라는 말씀이십니다.

선: 그렇습니다.

후: 그런데 여기에 공포심이 필연적으로 복선을 깔고 들어오는 것이라는 말씀이십니다.

선: 그렇습니다. 그런데 이 공포심을 이기려고 늘 타인과 비교하면서 경쟁해서, 안정하기도, 분노하기도 하면서, 자기 개인을, 사회 집단을, 국가를, 세계를, 발전시키는 문명 문화의 원동력이 되기도 하고 또, 파괴시키는 요인도 되는 작용을 했던 것이라 봅니다.

그러는 가운데, 이 공포심은 사라진 것이 아니라 사회적 동물로서 타자와 비교 더욱 심화, 확대되어, 첨단적, 극단적 양방향의 발전 결과를 초래하고 있다고 보는 것입니다.

하나는 인류로서 보다 화려한 문명 문화를 창조 이룩하면서 다양한 소비적 형태를 즐기는 방향으로 발전하게 되며, 하나는 영원의 안정을 기원하는 우주적 첨단 과학을 발달시켜 지구 행성으로부터의 우주적 안정을 찾는 방향으로 발전을 이룩하게 된 것이라 봅니다.

후: 결국 여기까지 공포는 계속 남아 있군요.

해결되지 못한 채….

선: 그러니 공포는 생명의 불완전성에 같이 붙어 다니는 창조의 원동력인 셈이죠. 생명의 이면적 생명인 셈이죠. 떨쳐 낼 것이 아니라 극복해서 승화시켜야 하겠습니다.

후: 자아 완성이랄까. 진정한 자기 발견은 이렇게도 어렵습니까?

이만큼까지도 모든 생각이 깊어져 왔는데도 말입니다.

선: 오히려 단순합니다.

자아라는 의미에서 볼 때 지금까지 우리가 논해 왔던 이 모든 복잡하게 얽히고설킨 일체의 것들은 다, 나의 외부 조건에 불과합니다.

후: 그렇다면 그렇게 단순 방향으로 가면 되잖습니까?

선: 비우면 되죠.

후: ……

그런데 순간적으로 "남이 나를 어떻게 볼까?"부터 떠오르니 말입니다.

선: 그러니 제일 먼저 "비교 의식을 버려라!" 하죠.

후: 나!

선: 이 책상 위에 여러 형태, 색깔의 필기구가 있고 책이 있고 종이 등이 있는데 이 모든 것들이 놓인 곳은 책상입니다. 이 모든 것을 치우고 나면 책상만 남습니다.

이 책상은 이 방에 있고 이 방을 치우면 다시 빈방만 남습니다. 이 방은 한국에, 한국은 지구에, 지구는 태양계에, 태양계는 우주에 있고, 이것마저 싹 쓸어 치우고 나면 빈 공(空)간만 남습니다.

후: 공(空)!

아무것도 없다는 뜻이잖습니까?

선: 이 공의 입장에서 반대로 쳐다보면 모든 것은 사물로서 온갖 형태, 색깔, 소리, 보이는 것에서부터 보이지 않는 것까지 자기가 가득한 것으로 느끼지 않겠습니까?

이것이 색(色)이지요.

후: 색!

물질세계라는 뜻이겠습니다.

선: 이 물질세계, 즉, 현상을 감각하는 데 인간이 갖고 있으면서 우주까지 감각하는 감각 기관이 눈, 코, 입, 귀, 피부, 의식으로 6가지로 분류했고, 이것이 우주를 향해 여는 문이며, 때로는 우주를 닫기도 합니다.

인간이 아는 범위 내에서 이 6가지 감관으로, 6가지 방식으로만 이 방대한 우주 내의 무한 변화를 겨우 감각하는 형태이고, 어떻든 그럭저럭 유용하게 잘 활용하고 있으며 공과 색을 이어 주는 신의 한 수가 되는군요.

아무 것이나 있는 것은, 아무것도 없는 바탕이 있기에, 아무 것이나 있음이 가능하고, 아무것도 없는 것은, 아무 것이나 있기에 가능하므로 색즉시공 공즉시색(色卽是空, 空卽是色)의 성립된다고 보는 것입니다.

예를 들어 아인슈타인 일반 상대성 이론 $E = mc^2$ (E: 에너지, m: 질량 c: 광속) 수식에서 E는 보이지 않는 비물질 세계이고, m은 감각되어지는 물질세계일 때

이 양 세계

비물질		물질
보이지 않는 세계	───	감각되는 세계
(空)	卽是	(色)

가 성립되는 이 세계이고,

또한 현대 물리학에서 우리가 한평생 접하고 있는 햇빛의 성질, 파동성과 입자성을 갖고 있는데, 파동성은 질량이 없는 비물질이고, 입자성은 질량을 갖고 있는 물질이므로 곧 빛은 물질임과 동시에 비물질 특성을 갖고 있는

이 양 세계

파동성		입자성:
비물질	═══	물질
(空)	即是	(色)

가 성립되는 것이지요.

나는 빛이요!

나는 또한 색즉시공 공즉시색이라

존재하는 모든 것은 어느 것이나 다….

후: 여기서 공은 아무것도 없는 것이 아니군요?

선: 공은 공이로되 무공(無空)이 아니고 유공(有空)이라 생각합니다. 나를 비우라 하는 것은 나의 욕망 또는 나라는 자아의식을 깨끗이 비워서 바닥, 공, "이름하여 공"을 드러나게 하는 것이고 그러기 위해서 선(禪: 示: 볼시, 單: 홀로단, 홀로 있음을 보는 것)을 하라는 것이고, 주위로부터 자신을 차단하여, 홀로이 있음을 홀로이, 잠시 일정한 시간, 시간, 찾아보라는 것이겠습니다.

후: 현대 사회생활 가운데 잠시라도, 자기를 홀로 세우는 시간을 낸다는 것은, 실로 어렵겠습니다만….

선: 그러나 어찌합니까, 나만이 나를 찾을 수밖에는 없으니….

그리고 내적 응시가 깊어지면, 보고 있는 자기와, 바닥에 보이는 자기가 둘로 보일 때, 이것이 하나가 되도록 보고 있는 "나"를 "놓아라!" 놓아서 둘이 하나가 되는 것입니다.

단순하지만 내적 응시를 하면서 보고 있는 "나!" 이것이 이 세상의 온갖 재주를 다 부리고 있는 나인 것입니다.

후: 그러니까 지금까지 그 나를 찾으려고 오랜 시간이 걸리고 여기저기 기웃기웃했던 것이 되겠습니다.

선: 내가 나를 찾으려고 뱅뱅이를 친 것이죠.

방금 전에 말씀드렸던 "둘이 하나"의 하나는, 이름하여 편의상 하나라고 하는 것이고 이것도 비우는 것입니다.

후: 깨끗이 청소하는군요.

선: 그렇습니다. 내 속의 복잡한 생각 쓰레기는 순식간에 허공으로 사라지죠.

사실 신선한 자리라 생각합니다.

후: 선생님! 말씀 가운데 "이 세상 온갖 재주를 피우는 나"에 대해 좀 더 말씀을 하여 주셨으면 합니다.

선: 어린 시절, 청년, 장년, 노년 시절 개인적 한평생을 살면서 이

가정, 사회, 국가, 우주에서 가정을 꾸리고 사회적 활동도 하면서 온갖 시련과 고통도 겪었고 기쁨과 환희도 즐기면서 그 중심에 항상 있었던 나, 주인공인 나.

당연히 내가 나의 주인공으로 살아왔다고 알고 자부까지 했는데….

내 속에 언제부터인지 저 사람은 어떻고, 저 가정, 저 회사가 어떻고 등등 그러면서도 열심히 살았고

또한, 저들 사는 집은, 저들의 재산, 차, 사회적 지위는 어떻고 등등 그러면서도 진실하게 살았고

저들은 뭘 먹고, 어디를 여행하고 등등, 온통, 온통 내 속에 다른 사람, 사람만 가득해 있고

그러면서도 나는 허풍을 떨면서 부풀리기도 했고, 행복으로 꽉 차 있는 나로 보이고도 싶은 이 또한, 내가 원하지도 않았던 나, 그러면서도 기도까지 하면서, 빌고 빌면서 살아왔는데….

그러면서도 시간에 떠밀려 내가 나인 것 같기도 하고, 내가 아닌 것 같기도 한 어정쩡한 상태로 서서히 늙어 가면서, 외부적으로 서서히 퇴물로 소외되어 잊혀져 가는 사람이 되고, 내적으로 점점 더 늙음의 심화에 따른 무능한 사람, 남의 도움만 필요한 사람으로 전락하고, 드디어는 소생이라든가 회복은 없고, 얼마나 견디느냐 정도의 생명선에 걸리었을 때,

이때 나는 어디 있는가?

온통 내가 살아왔던 나의 삶의 습관, 방식, 태도, 철학 종교 등 자기를 지탱시켜 왔던 모든 사항이 이제는 그 속에 갇히어, 스스로 만든 영역의 결과에 따라 천국도 되고, 감옥도 될 수 있지 않겠나 하는 것입니다.

이것이 딱, 나이지요.

후: 선생님! 현자는 현명할수록 일찍이 자기다운 자기를 발견, 확립하는 것이 중요하겠지요?

선: 중요합니다. 개중에는 이렇게 바쁜데, 자기를 돌아볼 수 있는 한가한 시간은 없다고 할 수도 있지요. 이것도 나의 한 현상입니다.

그러니까 지금 말씀드린 이 모든 것은 다 나의 껍질이었고, 이 모든 것을, 젊으면 젊은 대로, 어떤 시공의 조건, 어떠한 환경적 조건도 없이, 이유 없이, 자기를 내려놓고, 일찍이 자기를 발견하는 것은 중요합니다.

후: 여기서, 언제나, 자기를 자기중심으로 다 버려야 되는 것이겠습니다. 지금까지 각자 나름대로 자기 가치를 갖고 살아왔던 중심을, 중심으로 내려놓으라는 것 아니겠습니까?

선: 얼마나 두렵고 떨리겠습니까? 무조건적 자기 버림이.

여기에서 때 아닌 공포가 있었던 자기를 발견하게 되고, 자기를 내려놓고 순간에는 용감해야 됩니다. 던진다 해도 자기인데, 자기를 믿고 어떠한 상도 없어야 합니다.

후: 그렇다면 현실 생활은 어떻게 해야 합니까?

선: 현실 생활은, 현재 자기 위치에서 최선을 다해야 합니다.

시간이 되는대로 자기를 내려놓고 또, 나아가 현실 생활에서는 자기를 쌓는 것이 되고, 그러니 비우고 쌓고를 반복하면서 꾸준히 수행하다 보면, 그 속에서 때가 닿으면, 깨끗하고도 밝은 자기 본바닥이 드러나는 것을 본인이 알 수 있습니다.

결국, 주인공 역할을 하던 나 주인공, 이 현상의 주인공이 녹아서, 바닥의 본성 주인공과 하나가 되며 이 때, 보여지는 세상이 내가 나를 뛰어넘어 우주 만상과 하나가 되는 희열을 맛볼 수 있지 않겠나 생각합니다.

내가 나의 탈출구를 발견하게 된 것이고, 내가 영원하다는 것을 발견할 수도 있겠습니다. 비록 육신은 가고 오지만, 이 정신은 삶과 죽음을 넘어, 가고, 옴이 없는 하나라는 것을….

후: 그리고 보면, 내가 나를 발견한다는 것은, 상대적 요소의 수많은 상을 따라 다니던, 바깥으로 향했던 나를 내려놓고, 비우고, 중심의 나로 회복하는 것이 되겠습니다.

선: 이 순간, 모든 것이 갑자기 나에게 다가와 곧 내가 되는 것을 알게 됩니다.

이것이 곧, 나 아닌 나인 것이고, 이 "나"가 우주적으로 그 본성과 같아진 나로 확대되는 것이겠지요.

그렇게 감각이 넓어집니다. 이것이 진정 내가 원하는 내가 되는 것이라 봅니다.

후: 무엇이 달라진 것이 있습니까?

선: 외견상 달라진 것은 아무것도 없습니다. 다만 풍김이 깨끗하고 장대해졌겠지요. 마음의 우러남이 신선하게 어리겠지요.

단, 그 내적으로는, 영원에 대한 감사함과 삶의 오묘함의 기쁨과 우주 진리의 심오함이, 온 우주 가득히 충만해서 여기가 곧, 극락 당천이라는 것을 깨우치게 되겠지요.

한없이 진실하게 됩니다.

그러니 진실하고, 성실, 착함만 남게 되며, 이유와 변명은 하지 않게 됩니다.

"나"이기 때문입니다. 여기서의 나는 색의 나가 곧 공의 나가 된 것이겠습니다.

곧, 색즉시공(色卽是空)을 이룬 것이라 봅니다.

후: 공을 이룬 마음은 완성입니까?

선: 이제 인간으로서의 시작입니다.

지금까지 보아 왔던 세상은 현재의 물질적 현상을 위주로 한 자아라는 환상으로만, 껍질로만 자기라고 판단하면서, 그 기준이 의식의 선상이었던 것입니다.

그러기 때문에 계속 남을 의식하는 비교된 의식이 있었던 것이고, 이 무한 우주 가운데 오직, 홀로라는 잠재의식적 공포심이 자기 안정을 찾기 위해서 스스로 상대적 비교 의식을 만들어, 자기라고 착각하며, 거기에 안주하려는 것이었고, 이것이 환상이었고, 이것을 진실이라고, 또는 나다운 나로 믿고 싶었던 것인데, 이 상을 비운다거나, 내려놓으란다든가, 버려라, 하는 문제가 야기될 때, 지금까지 습관이 되어 왔던 자기를 소거시키는 순간, 그 두려움 또는 아픔, 아쉬움, 고통 등이 지속적으로 따라다니면서 자기가, 자기라는 주장을 해왔던 자기가 곧, 환상의 자기였던 것을 알게 되는 것이고, 내가 없는 무아(無我)가 곧 아(我)라는 것을 아는 순간 곧 "깨우쳤다!"라고 하고, 이 무아를 중심으로 세상을 보는 순간, 지금까지의 "내가 뒤집어져 세상을 보고 있었구나" 하는 전도되었던 자아(이름하여 자아)를 발견하게 되는 것이며 드디어 모든 망상으로부터 벗어난 진실한 자아실체(無我)를 발견, 자기다운 자기가 된 것이겠습니다.

아		무아
我	═	(無我, 眞我)
(色)	卽是	(空)

여기서, 더 나아가서 무아라는 생각도 무아가 아직 있는 것이니, 이것마저 내려놓으면, 이름하여 무아이며 이재 진아(眞我)가 됩니다. 이 자기를 지속적으로, 인간이다 보니 수행해 가야 합니다.

후: 언제까지 입니까?

선: 언제까지라도….

과거에 깨우쳤던 사람도, 현재에 깨우치고 있는 사람도, 미래에 깨우쳐 오는 사람도 다 이런 과정을 거칠 수밖에 없는 유일한 방법이라 생각합니다.

각자의 시대적 조건과 공간적 조건 상황은 다 달라도, 무아 본성의 자리는 영원히 무한히 동일하므로 다 같고, 하나(이름하여 하나)이고, 이 영원하고 무한한 허공 가운데 오직 이 길은 딱 한 방법뿐이라는, 허공 속에서 길(道)아닌 길을 밝혀 놓으신 현자가 계셨던 것이지요.

언제까지라도….

환한 마음.

후: 환한 마음

언제까지라도….

선: 나!

"처음 = 끝" 이야기.

11

성함이 어떻게 되십니까?

성함이 어떻게 되십니까?

선: 성함이 어떻게 되십니까?

후: ㅇㅇㅇ입니다.

선: 몇 년생, 주소, 학교 관계는 어떻게 되십니까?

후: ㅇㅇㅇㅇ생, ㅇㅇ살고 ㅇㅇ학교를 졸업했습니다.

선: 부모님 성함은?

후: 아버님은 ㅇㅇㅇ이시고 어머님 ㅇㅇㅇ이십니다.

선: 지금 내가 묻고 있는 것은 개인 인적 사항이잖습니까?

후: 예! 그렇죠.

선: 이 인적 사항이 "나!"입니까?

후: 나의 외적 사회적 표현이고, 타인과 분류 구분하는 표시 방식이기도 합니다.

선: 이것이 "나!"입니까?

후: 네-! 그러니까 나의 외부적 또는 육신에 붙여진 형식적인 나의 의미라는 말씀이십니까?

선: 일반적으로 "나!"라고 말하는, 나의 내적 정신의 이름은 있습니까?

후: 무엇이랄까요.

특별히 이름은 없고 그냥 "나"로 말하고 있잖습니까?

선: "나!"라 하면, 이것이 과연 진정한 나다운 나인가요?

후: 때로는 나답기도 하고, 때로는 나답지 못하기도 하고, 그렇군요.

선: 나다운 나도 나이고, 나답지 못한 나도 나이니, 언제나 어디서나 나답도록 나를 다스려 가는 "나!"가, 내가 바라는 나 아니겠습니까?

수많은 선배 선각자 또는 선지식들께서 찾아가는 길이었잖습니까.

여기서 내가 나를 관조하며 나다운 나를 찾아가는 인간의 정신적 작용을 무엇이라 합니까?

후: "지혜"라고 하잖습니까.

선: 지혜(智慧: 日: 태양 + 知: 알지, 彗: 빗자루비 + 心: 마음심)!

우선 지식이란 것이, 어려서부터 한평생 인간 주변의 모든 상황 하나하나의 단편적, 실제적 또는 경험적으로 대상을 아는 정신 작용으로써 사물의 원리를 분석 통합하며, 객관적으로 타당성을 갖도록 하는 판단 체계이고,

그 아는 것이 화살 촉(矢: 살시 + 口: 입구 = 知)과 같이 예리하게 정확해야 하기도 하겠습니다.

여기 지혜는, 아는 지식(知識), 각 현상마다 다른 지식을, 머릿

속에 있는 앎 또는 알음알이를, 자기 내부 중심부의 자기 용광로(鎔鑛爐)에서 자기를 태우는 뜨거운 불길로 녹여 내는, 자기 모든 것을 내려놓는 비움으로 뚫어내어, 자기다운 자기와 자기답지 못한 자기를 하나로 이루는, 일체의 모든 알음알이 또는 지식이 자기 내외로 하나로 통일되는, 삶 전체의 시공이 한 점에 와닿는 한 순간, 하나, 우주적으로 일치하게 되는 것이라 하겠습니다.

빛 속에서 환한 지식(智)을 빗자루로 깨끗이 쓸고 정리(彗)하는 마음(心)의 작용(智慧)이기도 하겠습니다.

여기서의 하나는 이름하여, 표시하여 하나라 하겠습니다.

후: 그러니까 지혜는 지식이 살아 있는 생명력을 얻게 하며, 일반적 지식으로는 측정하기가 힘든, 구애받지 않는, 고정되지 않는 전달할 수 없는 것이 되잖습니까?

선: 전달할 수 없는 것을 전달되도록 노력하는 것까지 포함되어야 하겠습니다.

후: 지혜에 대해 좀 더 설명하여 주셨으면 합니다.

선: 실은 이 우주 자체가 곧 지혜의 덩어리잖습니까.

그러니 지혜로 꽉 차 있는 것이 되겠습니다.

후: 네-!

어떤 것으로도 표현하여 낼 수 없는 빈틈이 없다는 것이겠습니다.

선: 어떤 것으로도 표현하여 낼 수 있는 부분이 별도 없고, 전체 하나라는 의미에서, 표현하여 내면 이미 부분적이거나 다른 것이 되겠습니다.

후: 완성된 작품의 어느 한 부분이라도 수정하면 전체가 다 달라지듯이 말입니다.

선: 방편상 좀 더 말씀드리겠습니다.

여기 "나!"라는 자체도 또한, 지혜의 덩어리이고 지혜로 꽉 차 있습니다. 이 우주 속에 있는 모든 것들이, 특별한 사랑을 받는다든가, 특별한 사랑을 준다든가, 하는 특별한 개체는 없고 모든 것은 평등하며, 스스로 다 대지혜로 이루어지고, 대지혜와 하나로 연속되어져 있다는 것이겠습니다.

대지혜 외 별도의 지혜는 없고 다만, 각 개체마다 자기 속에서 얼마나 자기를 발굴하느냐, 찾아내느냐 또는, 자기를 합일치시켜 가느냐, 완성하느냐, 영원화하느냐 따라 나뉘어 질 뿐이고

이것은 곧 얼마나 최선을 다해 사는가 하는 것이고, 나아가서 일상적 진실, 성실한 삶 자체가 지혜일 뿐입니다.

후: 언제나 살 만한 가치가 있다고 생각됩니다.

나! 지혜! 지혜인 나.

나로 시작하여 나로 끝나는 완성.

선: 그러니까, 온통 나의 진리라기보다는 나는 진리이겠습니다. "나 = 진리"이겠습니다.

지혜에 대해 좀 더 심도 있는 말씀을 드리고자 합니다.

인간은 자기만이 홀로 갖는 개인 고유의 정신적 특성(절대적 특성)과 자기 외적 모든 환경조건에 맞추어 가는 특성(인식작용, 의지작용)이 있으며 이 두 작용을 합쳐 "마음"이라 일반적

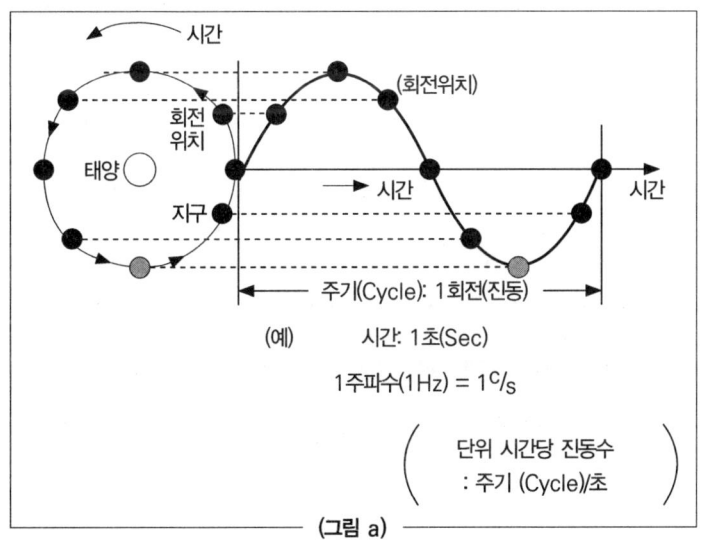

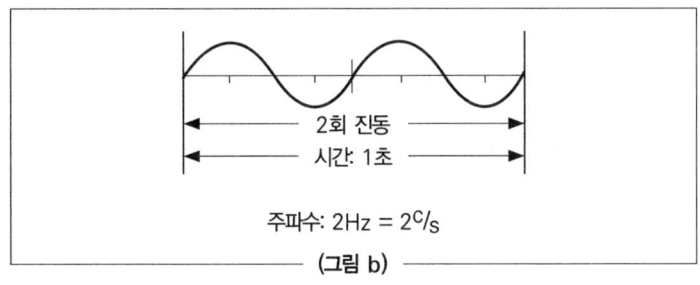

그림5. 회전과 주파수

으로 부르고, 일반 생명과학에서 다루는 생체적 유전인자[DNA: 물리적 화학적 제요소들이 시간적·공간적으로 자기 방향성(구조, 형상, 특성, 환경적 적응성, 예측성 등 및 지구회전방향, 중력 영향: 유전인자 나선 형상 원인: 등도 포함)을 갖고, 스스로 결합, 변환, 발전, 조절, 응용하여 축적, 집약, 응축되어진 "결정 자기": 현대적 인공지능 원조: 를 갖은생명의 기본 요소인 인자]와는 구분, 동일한 외적 조건 및 생체적 조건 하에서도, 개인에 따라 다른 시간 감각 및 공간 감각, 즉 시공인자(여기서 이렇게 정함)가 다른 것이라 봅니다. 이것은 각자마다 고유의 주파수(그림5. 참조: 단위 시간당의 진동수) 및 진동특성(진동 현상의 특징)을 갖는다고 보는 것이겠습니다.

개인마다 삶을 감각하는 시간 개념, 공간 개념이 다 다른 것으로서 인생을 느껴 가는 또는 살아가는 모든 감각이 다 다르면서도, 인간이라는 보편적 특성의 일정 범위가 있으리라 보는 것입니다.

또한 인간 스스로, 인간 육신의 주체인 정신(절대적 정신과 의지적 정신으로 구성), 즉, 마음과 정신의 그릇인 육신으로 분류하고 있으며, 정신은 비물질, 파동성이고, 육신은 물질, 질량이 있으므로 곧

```
    정신      ═══      육신
    (空)      即是      (色)
```

또한 空即是色

이루고 있는 것이 인간이겠고 양 세계의 조화는 중요하겠지요.

여기서 시공인자(時空因子)는, 유전적 인자(결정적 정신)가 인간 보편적 특성으로 결정되어 태어난 후 그, 순간의 개별적 시공의 독특성으로 나타나는 것으로써, 개체 마다의 의지적 정신에 관여하여 개체 발전을 촉진하며 타자 또는, 외적 환경적 현상에 관여하여, 보다 적응도를 높이고 있고 건강한 생활(정신적, 육신적) 및 생명 연장에 기여한다고 보는 것입니다.

후: 지금까지 선생님께서 말씀하신 시공인자와 의지적 정신과의 관계는 서로 보완적 관계이겠지요.

선: 그러니까 시공인자가 시공으로만 있으면서도 의지적 정신이 작용할 때 선택되어지면 그, 내면이 되어 호응하고 또한 의지적 정신을 지속적으로 끌고 갈 때, 이 시공인자는, 쌓여진 시공을 의지적 정신을 돕는, 즉, 습관으로 작용한다고 보아야 되겠습니다. 자기가 자기 시공을 이끌고 가는것이 되겠지요.

후: 또 말씀하신 것 중 색즉시공을 이미, 인간은 이루고 있는 것이며 곧 깨우침, 도(道)를 이루고 있는 것이며, 또, 과학적 표현으로는 정신과 육신의 주파수가 동조를 이루고 있다고 봐야

되겠습니다.

선: 깨우치는 순간 곧, 자기 주파수가 자기 최적화 안정되고, 빛과 유사해지며, 파고가 낮아짐으로, 이것은 곧, 우주본성과 합일 치해가는, 안과 밖이 같아지는 열려진 순간이 되며 대지혜를 터득한 것입니다.

빛보다 더 높은 주파수를 만나지 않는 한 모든 만물의 거울 작용, 즉 일직선처럼 된다는 것이며, 자기 본질 우주를 꿰뚫어 보는 것이 될 때, 이 한순간의 이미지가 하나의 개념으로 통하면, 누구나, 자기가 자기를 되돌아 비춰 보는 회광반조를 이루며, 자기가 자기 최저에서 사라짐으로써 청정하고, 자기 안정을 이룸으로 고요해지고, 움직임이 없이 부동이 되는 것이라 하겠습니다.

후: 이것이 지혜 중의 지혜를 터득한 것이 되겠습니다.

선: 비유하여 보면, 육신이 그릇 또는 호수요, 그곳에 담긴 물이 정신인데, 지혜는 그 물에 비친 밝은 달과 같은 것이 되겠지요.

후: 그러니까 이 육신, 이 정신과 함께하면서도, 이 육신, 이 정신과 관계없이 이 변화에 무관하게 두둥실 허공에서 밝게 환하게 비춘다 하는 것이 되겠습니다.

선: 좋지요!

후: 이 시공에서요.

에-, 그리고 우리 마음의 작용은, 자기 주파수를 정화시킬 수도 있다는 것이 되겠습니다.

선: 그렇지요.

머리에서는 뇌파가 발생하고, 심장에서는 심장파가 발생하고 있기에, 우리는 이미 의학적으로 이용하고 있잖습니까?

공학적 관계에서 보면 우리의 뇌도, 심장도 우리 몸의 각 기관이 회전운동 또는, 회전 운동의 일부인 진동을 계속하고 있는 것이고 또한, 전체적으로 자기 고유 주파수를 갖는다는 것 아니겠습니까?

진동하고 있다는 것은 그만큼, 자기감도(感度)를 민감하게 높이기 위한 것이고 이것은 내외적 변화에 언제나 준비 되어진 즉각적 반응 속도를 높여, 나름대로 신속하게 안정을 이루고자 함입니다.

이것은 또한 마음의 변화에 따라서도 변화하고 있군요.

후: 일체가, 부분은 부분적으로, 개체는 개체적으로, 전체는 전체적, 우주적으로 자기 지혜가 있고, 자기 도를 이루고 있다는 것이 되겠습니다.

참으로 즐겁군요.

선: 하-! 이 세상 모든 움직임은 소리가 있고 그 소리는 자기 안정, 완성에 도달하려는 자기 즐김의 노래 소리이겠지요.

이 세상 풍년을 알리는 풍악이 울리는구나!

후: 다시 의문이 생겨서 여쭙겠습니다.

지금 현대 문명에서 컴퓨터나 스마트폰을 사용하지 않는 사람은 없는데 키보드 조작에 의해 코드만 맞으면 즉각 시공간을 넘어 인터넷이 이루어지고 있잖습니까?

선: 이 지구적으로 온 허공에 인터넷 신호가 꽉 차 있어서 코드만 맞으면 즉각 응답하는, 무한 시공을 넘어 즉각 동조를 이루어 답을 하는, 순간순간 깨우치고, 순간순간 무수한 도를 이루는, 모두 다 대지혜자, 모두 다 깨우친 자,

모두, 제3의 눈을 뜬 자가 아니겠습니까.

후: 그렇게 밝아야 하는데 전자기기에 의해 외적으로만 이루어지고 속으로는 점점 더 텅텅 비어지기 쉽고, 어둡게 되기가 쉬우니 말입니다.

선: 문명은 디지털화 속도가 빨라지는데, 인간 내면 정신은 어쩌면 계속 아날로그 상태이고, 고통이 없이 얻어지는 것은 없고, 자기가 스스로 노력하지 않으면 자기 것은 없는 만고불변의 진리인데, 손가락 끝으로만 작용하고, 눈으로만 모든 것이 얻어지니, 신속 정확하고 순간 판단 및 응용에는 귀재가 되나, 점차 내적 정신세계가 스마트폰에 빠져, 종교적 경보다 더 자주 들여다보며, 자기 내적 판단마저도 기계 속에 들어가서 거기

서 찾으려고 기웃거리니, 사고가 부족해지고, 순간 감각적 판단에만 의지해서 감정적으로 흐르기 쉽고, 점점 내면세계가 공허해질 수 있지 않겠나 생각되어집니다.

후: 위험하기도 합니다만 개중에는 진실로 자기 지혜를 밝혀가는 사람도 있잖습니까?

선: 아! 그렇지요. 더 깊고, 더 폭이 넓어질 수도 있습니다.

후: 의외로 착한, 속이 꽉 찬 젊은이들도 꽤 많습니다. 다음 세대를 이끌어 갈 사람들이겠지요.

선: 인간은, 인간이기에 인간다운 제3의 눈(영원히 깜빡이지 않는 눈)을 떠서, 인간적인 바탕을 기준으로, 그 위에서 춤추는 문명 문화가 이루어져야 할 텐데 말입니다.

맨-머신인터페이스(인간적 언어 → 기계적 언어 변환)와 머신-맨인터페이스(기계적 언어 → 인간의 언어 변화)중 머신-맨인터페이스만 외부로 표출되어 인간 스스로 새로움에만 빠져, 스스로 기계 부품화가 되어 가는 것을 즐기고 있으니 말입니다.

문명을 이끄는 사람들 또한 사업성을 이끌면서도 다양한 면에서 인간화의 귀향 프로그램을 개발, 다음 세대를 이끌어갈 책임이 있는 것이라 생각되어지는군요.

후: 문명의 최첨단 기술을 개발하는 개발자들 모두가 선수행(禪修行) 또는 명상 프로그램에 스스로 참여, 스스로 인간다움의 인

류 발전을 위하여 봉사하고, 헌신하는 자부심을 또한 개발해 야겠군요.

선: 모두 다 각자의 분야에서 학자는 학자로서, 사업가는 사업가 로서, 예술가는 예술가로서, 농부는 농부로서의 등등 자기 분야에서 타인을 위해 시간과 공간을 보내는 것, 생계 수단 이면서도 곧, 이것이 현대적 보시라 생각하고, 보다 진지하 고 성실하며 늘, 인간다움을 바탕에 두어야 하고 지속되어야 하겠습니다.

물론 성실하지 않은 사람이 어디 있겠습니까마는, 타인을 위 하는 자기가, 자기가 원하는 자기이잖습니까.

후: 현대의 개인은, 세계적이면서 우주적인 지식을 공유하고 또 한, 세계적, 우주적 지식이, 개인에게 순간 소통된다는 관점 에서, 전체가 한 덩어리로 움직이고 있는, 한 지식 생명체라 고도 볼 수 있겠습니다.

선: 실상 대 지혜자들만이 깨우쳐 얻는 6신통(神通)이라는, 인간 최상의 지혜 중의 지혜를, 요사이는, 누구나 갖는 능력으로 일 상화가 되어 가고 있잖습니까?

천안통(천리를 보는 능력)은, 이미 TV, 스마트폰 등으로 천리 만리에서 일어나는 일을 보고 알고 또는 서로 보면서 화상 통 화까지 하니, 이루어진 것이고

천이통(천리의 소리를 듣는 능력)은, 이미 전화 등 개발로 이미 이루어진 것이고

신족통(원하는 어디든지 가는 능력)은, 자동차, 비행기, 배 등등의 교통수단 개발로 이루어진 것이고

타심통(타인의 마음을 읽는 능력)은, 뇌 연구, 심리 연구 등등 이루어지고 있으며, 로봇 등의 개발도 이 일환이며 나아가서, 텔레파시로만 대화하는, 입을 벌리지 않고도 상대방과 대화하는, 상대방 마음을 아는 연구가 완성되리라 생각되어지며,

숙명통(타인의 전생을 아는 능력)은, 일반인들이 크게 관심을 갖지 않는 분야이니, 크게 발달하지 않는 것으로 보며, 타인의 과거를 좀 더 깊게 다루고자 하는 분야에서는 뇌 스캔을 통해 이루어지고 있잖습니까.

누진통(나와 우주와의 관계 속에서 온전한 하나를 이루는 능력)은, 모든 경(불경, 성경, 코란경, 사서삼경, 옥추보경, 몰몬경 등등)이 개인과 우주 또는, 하늘과의 관계 진리를 기본으로, 인간 행복 완성을 추구한다는 의미에서 현대 과학은 놀라운 발전을 이룩하고 있잖습니까.

영원히, 무한한 우주 속을 가시광선(그림6. 참조), 적외선, 자외선, X선, 마이크로파 등등의 망원경으로 각자의 주파수 파장으로 우주를 들여다보고 있으며, 동일한 우주에 있어서도

파장 변화에 따른, 즉 개인으로 보면 개인의 마음 상태에 따라 동일한 상태가 여러 각도로 보여지듯이, 우주를 여러 각도로 관찰 연구하며, 또한 무수한 각 능력의 인공위성을 띠워서, 우주 및 지구를 자기 손바닥 들여다보듯이 보고 있으면서, 사람과의 관계 자연 진리, 법칙 또는 이론, 나아가서는 철학 등을 연결, 개인, 인간, 인류 등의 행복 증진을 위해 총력을 기울여 봉사하고, 헌신하는 것이라 생각되어지는군요.

후: 인간의 능력에 찬사를 드리는 바입니다.

이 6신통을, 모든 평범한 사람들이 누릴 수 있도록 보편화에 노력하신 모든 과학자분들께 참으로 감사를 드려야겠습니다.

모두 다 깨우친 분들이겠습니다.

선: 진실로, 훌륭한 현대적 보시를, 과학적으로 이룩하여 인류에게 베풀었군요. 현 우주 시대에, 우주법 다운 법 보시가 이루어진 것이라 생각되어지는군요. 한편 우리는 이러한 6신통이라는, 인간으로서 최상의 정신을 깨우쳐서, 이 무한 시공의 허공 가운데서, 길도 없는 허공에서, 인간의 가야 할 길을 열어 놓으신 인간 스승, 선각자들께 최상의 존경을 드려야 합니다.

또한 지금도 이러한 구도의 길을 가시는 분들께도 예의를 다해야 합니다.

인간으로서 참기 힘든 극한적으로 치열한, 여름이면, 더위와

각종 날파리와 모기 등의 끊임없이 달려드는 괴로움, 겨울이면 온몸 뼛속까지 파고드는 냉혹한 추위, 봄 가을로는 새벽으로 몸에 서리는 으스스한 한기, 밤이면 어둠 속 고요 속에 뚝! 딱!, 바람 속에 나무 잔가지 부러지는 소리, 비비는 소리, 나뭇잎 굴러가는 소리, 짐승 소리 이 모든 주위 환경적 공포, 분위기 변화까지도 참아 내는, 나아가서는, 견디는 것이 아니라 아주 잊어버려야 되는 것이고, 자신 육신의 아픔과 고통이 심해질수록, 수행 정진을 계속하고자 하는 자신과 포기하고 싶은 자신의 싸움에서 그래도, 언제나, 목숨을 바쳐서라도 참고 수행을 계속하는 쪽으로 수시로, 계속 결정을 내리면서 드디어 바위가 되고 바위는 바위로되, 눈물 흐르는 바위가 되고, 자기다운 스스로를 이룰 때까지 그, 오랜 시간 동안을 견뎌 내는 수행자들에게 경의를 표해야 합니다.

오직, 맨몸으로 시간과 허공에 머리 박고, 시공을 뚫어내어 영원이라는 훈장을 달고 그냥, 조용히 웃고만 있는 분들께….

후: 인간의 길이, 길다워지면 스승이 되는군요.

오직 참는 것이 전진하는 것이 되는….

감사합니다!

선: 가장 잘 전진하는 자는 오직 참을 뿐….

감사합니다!

에-! 그리고 극한의 자기 발견으로 들어가서, 이 우주와 하나가 되고자 인내하여 나갈 때, 답답하고, 꽉 막힌 자기 스스로가 스스로의 한계의 벽에 갇히어 나아갈 수도 없고, 그만둘 수도 없고, 오직 허공 가운데 홀로이 떠 있을 때, 삶 전체가 죽음으로 가득하여, 살아 있는 채로 죽어야 되는,
거기서 한 발 더 나아가 목숨을 던져
탁!, 놓아야 하는 순간, 놓아 버리고 천길 낭떠러지로 던져 버리는 것입니다.
그리고 나면, 여기! ….
그리고, 그 후, 이 살아 있는 것 일체가 보물이 됩니다.
이 살아 있는 동안 그저 남에게 많이 보시하고, 자기 계율 잘 지켜서 청정해지고, 자타를 위해 많이 참고, 오직 전진해 나갈 뿐이며, 늘 자기를 돌아보며 무상으로 선정에 들어 자기 회복하고, 이 모든 것이 지혜인 줄을 아는 지혜를 터득함으로써, 이 한생을 오직 스스로 진실하게 살게 됩니다.

후: 보시, 지계, 인욕, 정진, 선정, 지혜에 대해서 각기 좀 더 설명을 하여 주셨으면 합니다.

선: 보시. 이것도 지혜의 한 형태입니다.
정신적이든, 물질적이든, 타인에게 주면 주는 스스로 즐거우니 마음의 보상을 받은 것이고, 받는 사람은 자기를 인정해 주

거나 공경한다거나 하는 마음이 함께하니 즐겁고 또, 보시물이 즐겁고, 그러니 서로가 서로에게 감사하니, 그사이 시공이 따듯하고 밝아지니, 시공의 인자가 스스로 마음속에 형성되어 하늘이 되고, 서로 믿음으로, 주어도 준 것이 아니고 받아도 받은 것이 아닌 그러면서도, 준 것은 준 것이고 복이 되고, 받은 것은 받은 것이고 복이 되는, 결국 자기가 받아먹을 것이거나 받아먹는 하늘을 만들거나 만들어진 결과이지 않겠습니까? 항상 보시하는 마음을 내면 그만큼 하늘이 열리겠지요.

지혜입니다.

후: 그러니까 말씀은 보시하는 것이 날줄이라면, 보시를 받는 것은 씨줄이 되어서, 늘 하늘에 인간관계의 그물망이 짜여지고 그러므로 준 것은 반드시 돌아오고, 받은 것은 반드시 돌아갈 것이라는 것이지요?

선: 지계. 이것도 지혜의 한 형태입니다.

종교적이든 개인적이든 자기가 스스로 목적하는 바를 이루기 위하여 매일매일 기도, 목욕 등의 일정 행위를 지켜 가는 것.

지켜 가는 동안, 자기가 스스로에게 매일매일, 무슨 변명과 이유가 그렇게도 그렇게 많은지….

오히려 그래도 어떤 일이 있던지 자기를 1년, 10년 또는 죽을 때까지 한평생을, 한번 먹은 마음, 변명 없이 꾸준히 지켜 내는 것이 중요하고, 이렇게 지켜 가는 동안 모든 사람들이 지키지 못하는 이유는, 오직 자신이 자신을 지키지 못하는 이유이며, 모든 일체의 이유는 다 변명이며 곧 스스로의 정신력일 뿐이라는 것을 알겠지요.

매일 변화하는 주위 현상을 넘어 지켜 가는 동안, 모든 현상 변화의 근본을 읽을 수 있게 되며 곧, 모든 변화를 꿰뚫어 보는 지혜가 깨우쳐지고, 스스로 청정해지며, 그만큼 하늘을 지키며, 하늘의 보호를 받는 사람이 되리라 생각합니다.

자기가 지킨 스스로의 삶이 하늘을 감동시키는 일생(一生)이 되겠지요. 지혜입니다.

후: 하늘을 우러러 부끄러움이 없겠습니다.

이 한생을 통해 죽음을 넘어가는 즉, 생사를 초월함까지도 터득되어지겠습니다.

선: 곧장 가시오!

후: 하―하!

선: 인욕. 이것도 지혜의 한 형태입니다.

오직 그저 참는 것.

어머니에게 잉태된 순간, 작은 영역 어둠 속에서 십(十)개월이 지난 후, 무한 영역 빛의 세계로 태어나 또한, 이 순간부터 죽음 곧 생명이 다하는 날까지, 생명을 갖고 있으면서, 이것을 유지 발전시키고 행복까지 이루고자 노력을 다하는 것이 인생 아니겠습니까.

여기에 끊임없이 와닿는 외부의 조건 변화 및 타인과의 관계 사회생활, 그 내부 밑바닥엔 늘 생명의 위협을 느끼는 공포가 깔려 있고, 이것을 벗어나기 위해 외부 조건으로부터의 안정을 찾기 위한, 대내외적으로 먹고 사는 활동을 해야 하므로 끊임없이 노력이 필요하고 여기, 혹시, 억울함, 욕됨까지 있다 해도 언제나, 참고 견디는 인욕.

이것은, 인간 내면 가장 깊은 곳의 침묵과 통하는 것이라 생각되는군요. 이 깊은 어둠 속에서의 견딤은 썩는 것이 아니고, 자기 실력을 더 키우는 안내자이고,

또한, 견디는 대로 더욱 선명해지고 섬세해져서, 자기의 착한 마음을 더 크게 내는 지도자가 되는 것이고,

그리고 가장 깊은 인내의 침묵은,

그 개인적인 삶을, 소아(小我)에서부터 벗어나,

무아(無我)로의 삶의 진리를 영원 진리로 터득시켜 주는 스승이 되며,

나아가서는, 우주적 대아(大我)까지 통하는 문을 열어 주고, 날개까지 달아 주는 사천(使天: 일하는 하늘)이 되는 것 아니겠습니까.

지혜입니다.

후: 모든 외부 변화를 견디는 힘.

모든 내부 변화를 가라앉히는 힘.

모든 변화의 파도가 인욕 앞에 와서는

갑자기 조용해지게 만드는

그 포용력….

선: 바늘 끝 위에 우주를 올려놓고

참는 것 만큼.

후: 그 무게, 그 크기.

…….

선: 정진. 이것도 지혜의 한 형태입니다.

끝없이 나아가는 것

자기를 몰아붙여 끊임없이 전진해 나아가는 것

결국 자기 속에서 더 깊이 자기를 몰아가는 것이고, 깨우치기 전이나 후에나 언제나, 자기를 벌떡벌떡 일으켜 세워서, 부지런히 자기를 닦아 나아가는 것,

앉거나, 서거나, 걷거나 자기에게 맞는 또는 때에 따라 적당한 자기 방법을 찾아서 자기를 응용하여 쉬지 않고 자기 정신을 몰아가는 것

생활이 지극히 무미건조하고, 맛이 완전히 가 버렸고, 고단하기만 하다 해도

무취미를 취미 삼아, 심심함을 취미 삼아 용감하게 나아가는 것. 이것이 익으면 타인을 의식함이 자기 속에서 완전히 사라지고 자기 속에 있는, 진리를 찾고자 하는 용감한 자기가 새롭게 발견되면서,

미처 자기도 몰랐던 이 자기가, 자기 진리를 스스로 완성하겠다는 결의를 다지면서 스스로가,

스스로를 채찍질하는, 스스로 피로를 다스려 자기가, 자기 한계를 넘는 경지를 열게 되는 것이 아니겠습니까.

나아가고, 나아가면, 정진이 스스로 신명나는 경지가 되겠지요. 참으로 모질고도, 오랜 고통이, 스스로의 길을 찾아 하늘 길과 연이어지는 것이라 봅니다. 스스로 이루어지는 정진….

후: 몰아침 속에서도 스스로 안정을 이룰 수 있는 길이 있군요. 참으로 자신만이 자신의 영광의 길을 발견할 수 있겠습니다.

선: 높은 감각 속의 평형이겠지요.

후: 가시밭 속의 꽃길입니다.

선: 선정. 이것도 지혜의 한 형태입니다.

단정히 반듯하게 앉아, 내면 자아 세계를 들여다봅니다.

눈은 약간 내려 뜬 채, 안과 밖을 하나로 봅니다.

깊은 내면 고요히 가라앉아 자기가 곧 달빛이 됩니다. 모든 외부로부터 이 길이 문득 끊긴, 안과 밖의 모든 번뇌가 끊긴, 안

과 밖이 동시에 하나인 새로운 길이 되는 자기가 되겠지요.

모든 것을 놓아 버린 것은, 모든 것을 비운 것은, 모든 것을 무(無)로 하는 것은, 모든 것을 끊는 것은, 모든 것을 무시하기 위함이 아니라,

모든 것을 더 진실 그대로 보고자 함이며 모든 것을 더 선명하게 보고자 함이며,

결국 자기 개인 주관적, 선입 관념적 벽을 허물어 없애고, 객관적이고도, 자연 본성 그대로 사물을 보고자 함이 아니겠습니까.

그러니까 나의 습관적 관념의 벽인, 내 마음의 눈을 스스로 없애는 작업을 하고 있는 것이며,

고요함의 명경(明鏡)을 통해 사물의 본성 그대로, 자연 진리 그대로, 나 또한 진리만의 눈을 가진 "나"가 되어,

모든 것을 보고자 함이며, 판단하고자 함이 되겠군요.

곧, 내 마음의 눈이 우주 진리 그대로인 눈을 뜬 것이고, 우주를 보는 잣대가 되고자 하는 것이 되겠습니다.

가라앉아 타는 영원의 불꽃.

깊어지면 깊어질수록 안과 밖의 고요한 영역이 넓어지고, 더욱 깊이 고요해지며, 전후, 좌우, 상하가 둥근 허공 가운데 홀로 앉아

자기 궁전을, 자기가 혼자 왕으로서 지키고 앉아 있는 것이 되

겠지요.

왕은 왕인데, 모든 것은 다 얻은 것 같은데, 아무것도 갖은 것이 없는 왕이니….

지혜입니다.

후: 청소부 중에 제일 깨끗하고, 제일 밝은 청소부 같습니다.

자기 속부터 치우니 제일 투명하기도 한 청소부인가요?

선: 영원을 청소하고 앉았으니 청소비는 없겠군요….

후: 하-! 그렇군요.

선: 허-! 그렇지요.

지혜. 이것도 지혜의 한 형태입니다.

지혜가 지혜를 만나니 지혜이겠습니다.

보시도, 지계도, 인욕도, 정진도, 선정도, 지혜도 모두 지혜이니 지혜다운 지혜를 갖는 것이, 인간 복(福) 중의 최상의 복이 되겠지요. 이러한 지혜를 얻기까지는 실로 보이지 않는 긴 시간 동안 또한 보여질 수 없는 자기 삶의 뒤안길에서, 남에게 드러나지 않는 많은 숨은덕을 쌓았으리라 생각합니다. 적극적으로 부지런하였으리라 생각되어지는군요.

자기 깨우침을 완성하기 위한, 한없는 수행하는 긴 시간 동안, 굽이굽이 자기 앞이 보이지 않는 답답함과, 순간 판단이 얼마든지 잘못될 수 있고 또한, 건강도 헤칠 수도 있는데도 불구하고, 자기 보이지 않는 숨은덕이, 보이지 않는 빛 없는 등불로 작용하여, 보이지 않는 길을 안내하며 지혜를 돕고 지혜가 또한, 스스로 덕을 이끌면서 하늘 곧 시공 속에서 더 큰 지혜를 터득하는 기회를 열어가는 것 아니겠습니까.

훌륭한 큰 스승을 만나게 하고, 어려운 가운데에서도 모든 것이 유순하게 잘 풀려가, 무난하게, 자기가 자기를 반듯하게 아는 데까지 이른 것에 대해, 한없이 감사함을 올리는 바입니다.

이 영원한, 무한한 하늘 가운데 홀로 설 수 있다는 것 참으로 얼마나 다행입니까.

온통 감사 드리는 바입니다.

그리고 여기 주인공은 오직 "나"입니다. 나는 지혜입니다.

나　　＝　　지혜
(色)　　卽是　　(空)

색즉시공 입니다.

후: 참으로 감사합니다.

보시, 지계, 인욕, 정진, 선정, 지혜가 편의상 분류한 것일 뿐. 모두 한 몸체로 서로 돕고, 승화하니 한 인간 온통 지혜로 가득 차는 것 같습니다.

인간이 덕을 쌓아 하늘에 저장하고, 하늘은 스스로 운용함에 스스로를 밝혀 주고, 열어 주고, 닫고, 지혜로 진리스러워져,

다시 덕으로 돌아가도록 순환시키는 것 아니겠습니까.

색즉시공이 곧 공즉시색입니다.

선: 실로 지혜란 인간과 인간 사이에서 뿐만 아니라, 우주적인 인간 지혜가 우주 만물과도 연결되어짐으로써 매사에 와 닿는 모든 자연적 현상에도 예를 다하는 진지함이 큰 지식, 큰 지혜를 터득할 수 있는 지혜로 발전하게 되는 것이 아닌가 생각되는군요.

예를 들어 우리는 한평생 빛과 함께 눈으로 보고 있고, 그 빛 자체에서 또는 그것을 바탕으로 하는 삶에서 얼마나 많은 것을 깨우칩니까.

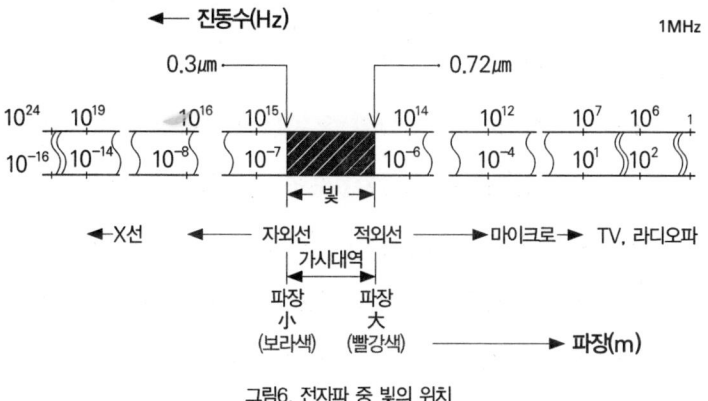

그림6. 전자파 중 빛의 위치

과학에서 밝힌 바와 같이, 인간이 눈으로 볼 수 있는 빛의 영역은 광대한 우주 전체로 떠도는 전자파의 영역 중 지극히 미미한 0.3~0.7㎛(0.0003mm~0.0007mm) 정도의 파장 영역

(그림6. 참조)만 눈으로 볼 수 있는 영역(可視帶域)이고 그중 0.7㎛ 길이의 파장색은 빨강색(赤色)이고 장파장이고, 이 파장보다 더 길어지면, 우리 눈에 보이지 않고 적외선(赤外線)이라 하고, 그것보다 더 길어지면 마이크로파, TV 라디오파 등등이 되며 또한, 가시대역 중 짧은 0.3㎛ 길이의 파장색은 보라색 (紫色)이 되고 이 파장보다 더 짧아지면 자외선, X선, 감마선 등이 되며, 장파장측은, 영역별, 인체 세포를 돕거나 무관하거나 한데, 이 단파장측 X선 등은 인체 세포를 파괴하게 됩니다. 또한 이 가시대역 중 빛의 굴절에 의해 7가지 무지개색, 빨 → 주 → 노 → 초 → 파 → 남 → 보라색 등으로 나타나는 특성이 있습니다. 나아가 모든 식물까지도 당연히, 빛을 탄소 동화 작용에 이용하여 양분을 만들고 있으면서도 또한, 빛의 분산 작용을 이용하여 자기 색깔을 다 다르게 하며 또한, 무생물까지도 자기 성분에 따라 달라서 우주 만물의 색이 다 다르고, 다르게 하는 자기 지혜를 갖고 있음으로, 타자들과 구분하여 자기 존재를 드러내어 표시를 하고, 무한한 자기 행복, 자기 축복을 즐기고 있는 것 아니겠습니까,

이 빛 속에서.

후: 이 또한 색즉시공 공즉시색입니다.

어떻게, 모든 생명체가 한 빛을 그렇게 다양하게 이용할 수 있

는지 말입니다.

선: 또 다른 예로서 모든 만물의 온도를 재는 온도의 기본은 물의 3중점(1기압시 물의 고체, 액체, 기체, 3상태가 공존)을 0.01℃로 정하고 또한, 물이 펄펄 끓는 점(1기압, 沸点)을 100이라 정하여, 그 사이를 100등분하고 그 1등분 된 한 간격을 1℃로 정한 것이며, 이것이 섭씨온도입니다.

이것을 기준으로 모든 것의 온도를 표시하는 것이 됩니다.

또한, 물이 물로 있다가 기체인 수증기로 되려면 그만큼 열을 가해야 증발(증발열: 540kcal/kg)되고, 반대로, 기체인 수증기로 있다가 물이 되거나, 물이 얼음(고체)으로 상태가 변하면 오히려 그만큼 열을 내어 놓는, 그러니까 물 외에도 모든 물체가 자기 상태 즉 고체, 액체, 기체 상태를 유지하려면, 유지 상태에 맞는 온도 영역, 한마디로 자기 평형을 유지하는 데에 열이 필요하고, 그 상태가 변화하면 변화하는 대로, 고체 → 액체 → 기체 변화시에는 열을 필요 가열해야 하고, 기체 → 액체 → 고체 변화 시에는 열을 내놓는 자기가, 자기 스스로를 안정 유지시키려 하고 있는 것이며, 무생물이면서도 대우주의 지혜를 갖고 있는 것이 되겠지요.

그러니까 겨울에 얼음이 어는 것은 추우니까 어는 것이 아니라, 물이 주위로 자기 잠열을 뺏기니까 자기 존재를 유지하고 안정하기 위해 스스로 응축, 고체가 되는 물의 아픈 노력이 있는 것이고 곧, 이것을 물의 특성이라 하는 것 아니겠습니까.
살아 있지요.

금이 1064.43℃에서 응고되는 응고점이라 하며, 물이 얼어서 얼음인 고체가 되듯이, 응고점의 온도 아래로는 굳어서 금덩어리로 자기 유지를 하고 있으며, 1064.43℃ 이상의 온도에서 녹여, 인간이 이용하고 싶은 형태로 금패물(가락지, 귀걸이 등등)을 만들고, 일단 만들어지면, 우리 주위에 그런 높은 온도가 없음으로 그대로 자기 안정을 하여 자기 형태를 유지하고 있는 것이 되겠습니다.

또한, 우리가 숨을 쉬고 있는 산소는 −218.789℃에서 삼중점을 이루고 이 이상의 온도에서는 액체 상태로 있다가, 이 산소가 펄펄 끓는 비점(沸点) 온도 −182.962℃로서, 이 이상의 온도에서는 언제나 기체인 상태로 우리 눈에는 보이지 않고, 우리 주위 환경의 일상 온도는 이 온도보다 항상 높아 있음으로서, 산소는 항상 안 보이는 것으로만 알고 있는 것입니다.

이 또한 자기 존재의 안정 유지 방식이겠죠.

이렇게 보면, 인간이 분류하는 무생물이라는 것도 스스로의 자기 안정, 평형을 유지하려는 관점에서 보면, 살아 있는 것이라 생각이 드는군요.

후: 선생님의 우주적 관점에서 보면 모든 것은 다 살아 있다는 말씀이시겠군요.

죽어 있는 것은 없다.

선: 무한 시공의 관점에서 보면, 생물, 무생물의 분류보다는 모두 다, 주위 조건 변화에 상응(적응)하는 존재의 평형 유지체, 자기 안정 유지체가 되겠습니다.

후: 우주 자체의 본성이 그러한 것이겠습니다.

선: 모두, 다 스스로의 존재성을 갖은 한 존재체로서, 전체가 일도(一道)를 이루고 있는 것이라 보겠으며, 환경적 조건(온도, 압력, PH, 습도, 등등)에 따라 나뉘어 나아가면서, 그 스스로의 존재 특수성을 갖고 유지하기 위해, 스스로 변형, 변질되며, 자기 안정을 찾고, 이 적응 단순성의 각 개체의 안정화 특성이, 서로 어울어져 공존하게 될 때, 이 특성은 전체적으로 보면 오히려, 끊임없는 또 다른 변화를 일으키는 원동력이 되고, 시간적, 공간적으로 확장, 현 우주를 만든 것이 되겠습니다.

후: 이러한 모든 존재체의 그 특성을 다 합치면 결국 본성은 없다.

무(無)다.

표현상 '무(無)다.'이군요.

선: 그리고 온통으로 있습니다.

그럼으로 색즉시공 공즉시색….
그리고 좀 더 설명을 전개하겠습니다.
새는 허공을 날아다니면서 자기 생을 구가하고, 메뚜기는 풀 속에서 톡톡 튀며, 날아다니면서 자기 생을 구가하고, 물고기는 물속에서 헤엄치며 자기 생을 구가하고, 온통 자기 입맛에 맞도록 주위 시공간을 자기식대로 구사하면서, 이 우주의 문을 열어 감각하고 생명을 즐기며, 하늘에서, 땅에서, 물에서 그 존재방식을 나름대로 더욱 발달시키고 있는 것입니다.
그러면서도, 최대로 이 시공을 활용하기 위해 개발된 자기 생활 방식이 오히려, 자기의 굴레가 되기도 하며 또한, 각자 나름대로 개발한 생활 방식이, 나름대로는 열심히였는데, 다른 각도에서 보며 사는, 타 생명체에서 보면, 허점이 드러나 보이고 오히려, 타자의 이 허점을 잘 볼 수 있는 쪽을 자기 장점으로 살리면서 발달하고 있는 것 아니겠습니까.
또, 자기 약점을 그만큼 보완해 나가는 완벽성, 이 모든 노력은 곧, 자기 생명을 잘 유지하고 즐기기 위한 방향이며, 모든 조건에서 완전해지려는 끝없이 노력하는 생존의 지혜인 것이라 봅니다.
태양은 하늘에서 빛나고, 그 하늘에 공기가 있고, 그 하늘에서 비가 내리니, 이러한 하늘 속에서, 이 엄청난 양의 빛과 공기와 비라는 에너지를 이용하여 각자 나름대로의 온통의 특성 (유전인자, 공간인자, 시간인자)을 개발, 허공에서, 땅에서, 물에서, 각각 자기의 주 무대를 정하고 있잖습니까.

어느 것은, 허공을 주 무대로 정하면서 땅의 성질과 물의 성질을 복합 사용하고 또, 땅을 주 무대로 하면서 허공과 물을 성질을 복합 사용하고 또, 물을 주 무대로 하면서 허공과 땅의 성질을 복합 사용하면서, 온갖 형태, 온갖 성질, 온갖 색깔, 온갖 능력을 발휘 온갖 존재 방식을 개발하고 있는 것 아니겠습니까.

결국, 이 무한 시공 속에서 임의 한 존재체로서 무한 시공 자체를 자기 것으로 화하여, 자기 스스로 이 시공을 갖고 다니면서(동물) 활용하거나 또는, 고정된 위치(식물)에서 이 시공을 자기 것으로 부분적이나마 이용하는 것입니다.

이것은 곧, 모든 생명체는 생명체 나름대로, 무생물은 무생물 나름대로, 자기적으로 시공화를 이루어 가기도 하고, 자기가 시공화가 되어 가기도 하고, 결국 자기가 주인이 되어 그만큼 시공의 자유를 얻은 것이고, 무한히 영원함을 자기화 한 만큼 또한, 자기 창조를 할 수 있는 능력을 얻은 것이고, 이것을 활용하고 그리고, 언제나 자기 한계를 스스로 알게 되지요.

언제나, 이 영원성과 무한성 앞에 이, 무한함에 겸허히 고개를 숙이게 되는 것이겠습니다.

또한 이 능력은 때가 되면, 한 존재로부터 타 존재로 변환 즉, 죽음 또는 멸함으로 돌아갈 때, 생명체는 다음 세대로 이어 가면서 번식하면서 유전시키고, 조금씩, 조금씩, 존재체의 시공 소유 권한 능력을 확대시키며 가는 것이고, 이에 비해 무생물체는 스스로 지속적으로 갖고 있으면서 천천히 타체로 변환시켜 가는 것이겠지요.

그러므로 이 우주는 존재체 개체 마다로 하여금, 자기 시공 권한 능력을 주어 그 개체가 영원히 무한함을 드러내어 즐기도록 하고 또한, 이 우주 자체가 자기 내부 각 존재체인, 자기 꽃인, 그 각 존재체의 활동을 보면서 같이 즐기는 것으로 이루어지는 것이라 생각이 드는군요.

지혜입니다.

후: 선생님 말씀은 우주가, 각 개체와 함께 살고, 각 개체가 우주 품속에서 함께 살고있다는 말씀이시군요.

선: 예!

각 존재체는 이 우주 가득하고, 그윽한 품 속에서 온갖 형태, 형질로 나뉘어 그 형태, 형질을 즐기고, 온갖 고유 특성으로 나뉘어 그 특성을 즐기며, 모두, 우주로부터 각자 나름대로의 존재분양을 받아, 나름대로의 존재 자유 깃발을 휘날리면서,

언제 어디서나 신성하고, 신선하며 시공 속 삶과 죽음 또는, 존속과 소멸함이 자기 한계에 도달할 때, 한계가 한계가 아니고 오히려, 존재체가 자기 꽃으로 자기를 만끽하게 즐길 수 있는 기회를 터득하도록 하는, 운용의 묘법인 축복입니다.

영원히, 무한히 신선함을 유지하고자 하는 우주적 순환일 뿐입니다.

그럼으로, 존재체는 게으르지 않고 항상 부지런히 자기를 되돌아보며, 겸허하게 자기 관리를 하도록 하며, 무한과 영원 속에서 영원히, 무한히 엄숙하고도, 엄숙하게 자기 존재를 다 바쳐, 감각되어지는 세계로부터 감각되어지지 않는 세계로 사라지는, 존재 예의를 지키고 있는 것입니다. 어느 것 하나인들 예외없이….

그리고 그만큼 대자연으로부터 자비의 마음(기운)을 끌어내어 혜택을 받아 자기 궁전을 자기 꽃, 빛으로 장식하며, 생 또는 존재를 만끽하며 때가 되면, 다시, 대자연의 품 속으로 녹아서 스며들어 무색(無色), 무성(無聲), 무취(無臭), 무미(無味), 무촉(無觸), 무의식(無意識), 공(空) 속으로, 공 아닌 공이 되어, 으뜸으로 신성하고, 신선하게 그 속에서 한없이 새롭게 되고, 풍요로워지며 또, 때(이름하여 때)가 되면 알음알이를 일으켜, 여기 존재체로 나타나니 언제나 어디서나, 살아있는 지혜입니다.

후: 우주 정원의 그 속 존재체와의 대화는 오직 지혜 자체일 뿐이 겠습니다.

선: 모든 존재체의 공통, 공존의 한 언어, 한 뜻, 한 진리이겠지요. 여기 색을 누리고, 공을 누리고, 색과 공을 오락가락 누리고, 색과 공을 동시에 누리고, 색즉시공 공즉시색 우주의 무시무종(無始無終)으로 춤추는 묘법.

스스로의 질서요, 진리요, 존재 방식.

이름하여 색즉시공 공즉시색, 색도 공도 없는.

오직 영원하고 무한하리라.

가장 위대한 예언.

내가 한 일은 자신에게 귀의 하는 것.

수수(數數)이….

후: 지혜 중의 최고 지혜가 되겠군요.

선: 마지막 지혜입니다.

나 = 지혜.

지혜 = 시공.

시공 = 우주.

우주 = 영원, 무한.

영원, 무한 = 나.

후: 시작도, 끝도 없이

내가 한 일은 자신에게 귀의 하는 것.

속도 없고, 겉도 없는 우주에서.

선: 속도 없고, 겉도 없는

내가 한 일은 자신에게 귀의 하는 것.

처음 = 끝
　　　이
　　　야
　　　기

후 = 선:

　　……．

12-1

예!

예!

I

아침에도 예!

낮에도 예!

밤에도 예!

봄, 여름, 가을, 겨울

예! 예! 예! 예!

봄의 만물이 온 산천에 싹을 틔울 때 새싹 마다 마다

예! 예! 예!

온통 "예!"이고

여름의 열기 가득한 성장의 축복을 누리는 마다 마다

예! 예! 예!

온통 "예!"이고

가을바람에 온 산천 나뭇잎이 뒹구는 마다 마다

예! 예! 예!

온통 "예!"이고

겨울의 냉혹한 죽음 속에서 다음 봄을 준비하는 마다 마다
예! 예! 예!
온통 "예!"이고
미물의 "예!"에서부터 우주의 "예!"에 이르기까지
예로서 예를 다하니
예도 끊긴
"예!"

II

이 세상 가장 많은 의미를 내포한 한 말

"예!"

가장 긍정적인 짧은 말

예!

깨끗해도 예! 더러워도 예!

고와도 예! 미워도 예!

편안해도 예! 고통스러워도 예!

예만 한다고 해도

예!

예만 하는 것은 무능한 것이라 해도

예!

예만 하는 것은 자기 주관이 없는 것이라 해도

예!

예만 하는 것은 이중 복선을 깔고 있는 것이라 해도

예!

예만 하는 것은 발전이 없다고 해도

예!

예만 하는 것은 속이 썩어 문드러질 수도 있잖느냐 해도

예!

예만 하다가 밥 굶어 죽겠다 해도
예!
예만 하는 동안 마음 속 깨우침은 이루어졌는가 해도
예!
예로써 시작, 끝도 예!
예로써 시작도 없이 예! 예로써 끝도 없이 예!
예로써 뻥 뚫어
예!

III

햇빛을 만나면 햇빛과 함께

예!로 사라지고

달빛을 만나면 달빛과 함께

예!로 사라지고

별빛을 만나면 별빛과 함께

예!로 사라지고

바람을 만나면 바람과 함께

예!로 사라지고

구름을 만나면 구름과 함께

예!로 사리지고

물을 만나면 물과 함께

예!로 사라지고

산을 만나면 산과 함께

예!로 사라지고

하늘을 만나면 하늘과 함께

예!로 사라지고

지혜를 만나면 지혜와 함께
예!로 사라지고
스승을 만나면 스승과 함께
예!로 사라지고
자연 순리를 만나면 순리와 함께
예!로 사라지고
함이 없는 함을 만나면 함이 없이
예!로 사라지고
함이 있음을 만나면 함이 없이
예!로 사라지고
함이 있음에 다하지 않음을 만나면
예!로 사라지고
함이 없음에 머물지 않음을 만나면
예!로 사라지고
예로써 합장하면서
예!로 사라지니
예!

IV

눈을 떠서 세상을 보니 보아서

예! 요

귀를 열어 소리를 들어 보니 보아서

예! 요

코로 냄새를 맡아 보니 보아서

예! 요

입으로 맛을 보아 보니 보아서

예! 요

피부로 감촉을 느껴 보니 보아서

예! 요

생각을 하여 보니 보아서

예! 요

깨달아 보니 보아서

예! 요

하나로 보니 보아서

예! 요

무(無)로 보니 보아서

예! 요

예!

V

지구가 태양을 돌고 있음은

수수억년 예를 다함이요.

태양이 지구를 지키고 있음은

수수억년 예를 다함이요.

인간이 그들의 질서 속에 살고 있음은

수수억년 예를 다함이요.

그들이 인간에게 무한 혜택을 주고 있음은

수수억년 예를 다함이요.

무한 우주가 영원함을 열어 보여 주고 있음은

수수억년 예를 다함이요.

순간 인간이 영원함을 닮아 가도록 허락하고 있음은

수수억년 예를 다함이요.

무한 우주가 스스로의 자비의 결과물이 있음은

수수억년 예를 다함이요.

지구를 통해 무한 우주를 들어 보일 때 웃고 있음은

수수억년 예를 다함이요.

꽃 한 송이에 무한 우주가 웃고 있음은

수수억년 예를 다함이요.

무한 우주, 꽃 한 송이 함께 웃고 있음은
수수억년 예를 다함이요.
이 설법을 너에게 전하노라!
수수억년 예를 다함이라
…….

12-2

꽃!

꽃!

I

스스로 두둥실 생멸하니
구름이 살아 있고
이는 구름이 꽃이요

스스로 유순하게 흐르니
물이 살아 있고
이는 물이 꽃이요

스스로 가벼이 움직이니
바람이 살아 있고
이는 바람이 꽃이요

스스로 고요하게 서 있으니
바위가 살아 있고
이는 바위가 꽃이요

스스로 신선한 마음이니

산이 살아 있고

이는 산이 꽃이요

스스로 오래도록 돌아가니

지구가 살아 있고

이는 지구가 꽃이요

스스로 온통 가득히 넓으니

하늘이 살아 있고

이는 하늘이 꽃이요

스스로 밝게 비추니

빛이 살아 있고

이는 빛이 꽃이요

언제나 온 곳을 잃어버리지 않고 돌아가니
생명과 죽음이, 생명으로 살아 있고
이는 생명이 꽃이요

온 곳도 없고 간 곳도 없으니
고요가 살아 있고
이 고요는 꽃이다.

II

반듯하고 엄중하게 앉아 계신 곳이 연꽃 위라

꽃이 되고

그 꽃잎이 하나도 상하지 않게 가벼이 앉아 계시니

꽃이 되고

영원히 낡아지지 않는 빛 속의 꽃이니

꽃이 되고

예리한 단조로움으로 서 있으니

꽃이 되고

우러러 파란 계시의 순종 여운의 역사이니

꽃이 되고

천명을 묵상하는 꽃이니

꽃이 되고

죽음을 뚫고 아슬하게 스쳐 왔기에

꽃이 되고

끝내는 그 기원이 자유로우니

꽃이 되고

생명은 자기가 다스린 자신의 꽃이기에

꽃이 되고

생의 공간의 부드러워 세월의 균형을 잡으니

꽃이 되고

비바람 속을 건너 탄력이 있으니

꽃이 되고

허공을 딛고 번지는 선율의 꽃이니

꽃이 되고

스스로의 자율로서 윤택해지는 천성이니

꽃이 되고

고요히 담기는 하늘을 녹인 대화이니

꽃이 되고

품어 내는 깨우침의 힘이 한없이 부드러운 꽃이니

꽃이 되고

제 몸 속에 하나하나 쌓인 시공이니

꽃이 되고

영원을 견디다 보니 투명해진 시공이니

꽃이 되고

한없이 한없이 다듬어 시공이 향기로 된 꽃이니

꽃이 된다

Ⅲ

꽃으로

하맑은 숨결을 겹겹이 접어 내는 어디에서도

순리의 열쇠 푸는 소리 들리고

속세 속을 꿰비치는 정이 곱다

꽃으로

찬 여울의 김이 오히려 따숩다

자유의 원형을 곧추세우곤

먼 시절로 징표 없이 정상을 빗어 간다

꽃으로

신선함은 생성의 찬미

빛의 활활성

사선(死線)엔들 지순한 환상

꽃으로

우리의 소망 위에 눈부신 생기를 뜨게 하고

슬기를 그 밀실로부터 스며 내며

은혜의 감촉으로 은밀히 초원에 사태진다

꽃으로

흐느이 승화하는 예지가 가득한 중앙

끝없이 펼쳐 간 사랑의 발생지

고여 터지는 울림의 외연엔 웃음 다듬는 고요로운 비향(秘香)

꽃으로

그 승천이 길목엔

오직 중심에서만 퍼내는 순금 고동이며

인간 진실을 시시 때때로 부활시키고 있다

꽃으로

태양이 빛나는 고고의 상한으로

지혜와 지혜와 지혜들로의 함성

좌르르 천상을 움쑥 움쑥 키우는

땅으로 하늘로 춤추는 묘법

날개 저으며

일상

사유한다

꽃!

IV

내가 보고 보여지는 것은

나는 꽃이로소이다

시공이 나를 보거나 보여질 수 있는 능력 있기 때문이며

내가 듣고 들어지는 것은

나는 꽃이로소이다

시공이 듣고 들어지는 것을 허용하기 때문이며

내가 맛보고, 냄새 맡고, 느끼는 것은

나는 꽃이로소이다

시공이 스스로를 알고 있기 때문이며

내가 생각할 수 있음은

나는 꽃이로소이다

시공은 내가 생각할 수 있도록

나를 온전히 받들고 있기 때문이며

내가 말하고 행동할 수 있음은

나는 꽃이로소이다

시공이 나를 묘(妙)로써 운행하듯

허공을 내가 묘로써 운행하고 있기 때문이며

이 모든 능력이 합하여지면

나는 꽃이로소이다

나는 나의 것이 아니고 스스로의 것이 되기 때문이며

시공이 스스로 운용 스스로를 모시고 있기에

나는 꽃이로소이다

스스로 나누어 내고 스스로 거둬들이는 사이에 있기 때문이며

시공이 나뉘어진 것은 나뉘어진 대로,

거두어들이는 것은 거두어들이니

나는 꽃이로소이다

나뉘어진 것은 나뉘어진 대로,

거두어진 것은 그대로 스스로를

모시고 있기 때문이며

시공이 깨우쳤다 함이 없기 때문에, 깨우칠 수 있기에
나는 꽃이로소이다
온 우주 가득히, 스승이 깨우친 후에도
또, 계속 온 우주 가득히
깨우치는 후의 스승들이,
깨우칠 수 있도록 비어 있기 때문이며

깨우침이 깨우침다운 깨우침이어서
나는 꽃이로소이다
깨우침다운 깨우침은 없는 것이기 때문이며

온통 일상이 가득한 것이어서
나는 꽃이로소이다
언제나.

V

우리의 일상은 모두 생명의 꽃
우리의 일상은 모두 기적의 꽃
우리의 일상은 모두 자율의 꽃

우리 인생은 모두 보물의 꽃
우리 인생은 모두 보호의 꽃
우리 인생은 모두 보조의 꽃

우리는 믿음의 꽃
우리는 닦음의 꽃
우리는 공경의 꽃
우리는 행(行)의 꽃

부록 비어 있는 이야기

1)
생명

생명

自然과 人間
\+
靈魂과 形狀
＝
創造와 運命

  생명은 저지당할 때 고뇌가 발생하고 무릇 인간이 자연의 부분임을 절감하며 자연의 율법 속에서 보다 각기의 생장 방향이 자기 최선으로 분산되어 갈 때 삼가 그 한계 상황은 인간으로 하여금 인간되게 하는 것. 빛이 드는 쪽으로 아름다워짐은 본능이며, 빛 없는 암흑 속에서의 견딤은 헌신이다.

  시간과 공간은 그 저변에 있어서의 묵묵한 협조자일 뿐. 모날 수도 있었으나 포용하고 있으며, 뒤틀릴 수도 있었으나 최선을 택하고 있으며, 불규칙적일 수도 있었으나 균형을 이루고 있으며, 마디마디 새로운 창조를 일으키고, 훨씬 적극적이었고, 훨씬 잔인했음은 평상적인 자연에 있어서 훨씬 단순한 삶의 적응을 의미함이며, 그 생명은 제반사에 있어서의 나름대로의, 순수 물질을 진실이라는 평범한 영역으로서 투과 흡수시키고 자양화하고 있었음이다. 그러기에 인간은 자연으로부터 자신의 본질과 영혼을 발견하려 하고 삶의 고뇌에서부터 오는 그의 공허를 재삼 깊은 곳으로 유도시킬 길을 찾기를 갈구하며, 끝없는 자기 일치는 공통의 조건이며, 공동의 수렴점이 되듯, 산재한 자기 가능성은 그 너머에도 있었고, 먼 후에도 있을 수 있겠지만 자신의 형상은 스스로의 점철력에 의해서만이 드러나고 있었음이다.

  자연과 인간이 합해질 때, 이 또한 한 경지가 열리는 것으로서 영혼과 형상이 화합하면, 따사로운 본성과 불타는 내세를 암시함이며, 나아가서는 여기 오늘의 현실이 먼 미래를 지칭해서 돌아온 창조와 운명을 낳게 하는 것이다. 우린 생명의 내재자.

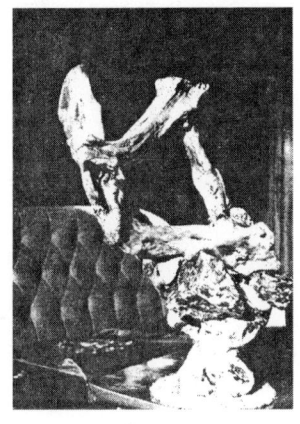

높이: 62cm 폭: 46cm

예목명: *나무 + 돌 + 삶 = 사랑*

해설:

나무와 돌은 서로 한 몸체가 될 수는 없는 것. 그러나 생명 속에서 만은 그것들의 공존된 삶이 존재할 수 있는 것. 나무가 돌의 형상대로 나무의 가슴을 비웠기에 돌이 나무의 가슴에 안길 수 있었고 나무는 또 한 돌을 품을 수가 있었으며 그러므로 곧 둘이 결합한 한 몸이 되는 것이리라. 사랑은 내가 너로 하여금 나의 빈 가슴을 채우는 것이 아니라, 나의 빈 가슴을 너로 하여금 너의 형상대로 더욱 비워 가고 있음에서 발견되리라. 전체의 상에서 흐르는 집요한 생명력 그를 허용한 공간을 여지없이 채웠음이라. 먼 훗날 우리가 우리의 살아온 삶이 이렇게 엉킨 과거로 발견될 때 비어 있지 않음을 정직하게 발견할 수 있으리라.

2) 산과 인생

산과 인생

오직 한 봉우리의 산이다. 준엄하게 솟아 있는 것이다.
그 전체 가득히 넓은 터전에 높은 기개가 만연하는 것.
주름이 지고, 골이 파여 있고 먼 시간으로부터,
먼 시간에 역사가 있으며
골격적 체대에 살이 붙는 끈질긴 사투적 선혈이
쌓여 이루어 내는 것
뜻이 하나로 영그는 집요적 노력과 자기로부터 출발하여
자기로 맺는
내일과 오늘의 새에서 성토에 균열을 방지하고
더욱 굳은 내일을 도입하는 것.
그러나 또한 그 고뇌의 품에 사랑이 머물고 있는 것.

줄지어 들어선 수목이 무성하고
철 따라 갖가지 산꽃들이 만발하여
새들이 둥우리 치는 품귀한 정.
한 줄기로 뻗는 강인이 있고 세차나

그러는 그 속에서도 메마르지 않고
품어 줌이 있는 풋된 사랑이 아닌
광휘된 예지가 숨어 있는 것.

그리고 당신만이 그 산에 오를 수 있는
유일한 행복자.
쌓고 오르고 올라서 높이는 영원의 희열.
뜻은 하나.
인생은 그런 산이려니
쌓인 것은 쌓인 대로 꼴을 나타내어
인품의 근력이 되고
샇인 솟는 솟으려는 힘에 의하여
뭉그러져 내리고 뭉그러짐으로써 오히려
그 토대가 넓어지고 단단해지는 것.
쌓음과 무너짐 사이에 이루어짐과 실패 사이에
당신 내부로 접어들어
쌓여진 노력이 쌓으려는 노력 속에
그 안의 힘으로서 그렇게 밝혀져 있는 것.

곧 쌓으려 해서 쌓이는 것이 아니며
애씀을 지휘자로 고통을 반려자로서
시간의 도움을 받으며 쌓이는 것
가냘프게 굴어도, 굽신거려도 아니면
도도하게 잡아채도, 뻐기어도, 초초한 속에서도
그러는 그 속에서도 쌓이는 것이라면 그러는 반면
제 걸음 다지는 착실한 속에서 우둔은 하지만
보다 믿음직한 허물어질까 불안에 잡히지 않는
쌓음도 있는 것
되는 대로 두어도 오를 길이 밟혀지는
수월함이 있다면 그 반면에
힘씀 뒤로 나타나는 힘씀 만치의
힘씀 방향으로의 인품이 근력이
한눈에 나타날 때 전자와는 달리
무개줌은 쌓이는 빛의 엄숙함이려니
높이를 아는 쌓음과 한낱 자기의 뿌림과
자기를 모음이 자기의 희박함이 다르려니
모으고 쌓는 힘듦이 괴롭다면
희박함 속에 자기를 둘러보는 순간의 비애는
어찌 더욱 괴로움이 아니리요.

저절로 쌓여짐은 저절로 올려짐은

귀해야 풍김이 없고

꼴사나운 허수 잡이 놀음이려니

바닥없이 들여다보임은

속없이 겉으로 드러난 태에 잡힘이며

순간이 중요해서 순간에 눈을 두고 있는 것이 아닌

자기 흩어짐에 향락을 둠과 같음이려니.

스스로 쌓고 올라가는 번뇌와

높이려는 안간힘 들이는 힘줄과

힘줄을 이어 가는 어려운 투쟁

스스로 성화 같이 타는 건실에

깊은 신뢰가 풍기리.

의식하는 속에서 의식하지 못하는 새에 쌓이는 것이라면

힘씀 뒤로는 높아지는 만큼 넓어지고

심지가 단단하여져 결국은 깊어지며

때로는 그럴수록 우리의 의식은

넓이와 깊이가 가없이 헤아리지 못함을 느끼며

그럴수록 더욱 빈틈없이 빈 축 없이 짜여지는 것.

고통을 의식하지 않으려는 의식도

고통을 긍정하려는 의식도

모두는 삶 속에 줄을 이은 채

삶을 끓어 내어 이러니저러니

명확히 분해할 수도 없고 보일 수도 없는 것

뚜렷이 떨어트려 논할 수도 없으며

제거하려는 것도 허사이며

종래는 삶 자체로 돌아가서 다만 긍정할 때에만

쌓는 자신에 안식을 얻을 수 있고 충실할 수 있으며

오르는 길에 방법을 터득하게 되고 전념할 수 있는 것.

인생은 자신에서 자라고 자기에서 소멸하지 않는 것.

소멸시키려 해도 소멸되지 않는 것.

그래서 그대는 그대의 산이려니

그대의 산에 헝클어져 있는 온갖 잡풀도

큰 숲의 우거짐도

예쁘고 향기로운 무명의 꽃도

그대의 삶에서 그대가 뿌리되어 나고 피는 것

그 열매도 그대의 품에 떨어지리니.

그대 아성대로 험준한 산이거나 아름다운 산이거나

동산도 되려니.

그저 흙의 뭉쳐짐이거나 잔 덩어리의

흩어짐도 있을 수 있으려니.

그것은 안으로 길이 막힌 그저 혼자에게만 머무는

빈 꼴들의 메마른 장난이려니.

그대에겐 분명히 그대가 있는 것.

그대가 알고 있는 그대의 누추함과는 달리

그대의 밑바닥엔 순결한 영혼이 그대에게 있으며

그대가 자부하는 지혜로움과는 같지 않게

실상 그대의 우매함이 지혜를 앞가림하고 있을 뿐이며

공히에 사긴 그대에세는 오히려 호젓함이 있고

유연의 안목이 흐르고 있으며

절망에 고충하는 그때 그대에겐

진실한 인간으로서의 풍김이 잃어버린 곳에서 돌아오리니.

그대 전체의 시야는

곧잘 부분에서 흩어지고 고랑으로 빠져

다시 올라야 하는 헛간 범벅도 있으며

바닥에서 소멸하는 그런 것들에 사로 잡혀

전체를 버리고 일부에서 혼동을 뼈끔질하는 수도 있으리라.
그래서는 다시 전체는 부분을 곧추시키고
부분은 전체 안에
바른 자세로 바른 곳에 붙박혀지는 것.
한뜻으로 쌓아 올려 한 층 쌓아지리니.

그대 영원히 솟으리.
인생은 오직 한 봉우리의 산이려니.
한 번만이 살 수 있는
한 번만이 자연을 의지로 구획하는
한 번으로의 구성
정(靜)으로 소화(消化)해서 동(動)으로 열화(熱化)하고
안으로 차여지며 밖으로 발산되고
스스로 생명이 되어 다시 자연으로 돌아오리니.
생명으로 가며 지혜를 누리고
자연으로 돌아가 환희로 살리니
오래 타고 오래 빛나리.
영원을 현실화시켜 지심(地心)으로 가리라.

3) 인생과 계절

인생과 계절

인간의 봄, 여름, 가을, 겨울
봄 용트림의 계절
여름 야망의 계절
가을 율법의 계절
겨울 흩어진 영혼이 다시 모이는 계절

Ⅰ. 봄

용트림하는 새벽

그 언저리로 촉촉한 꿈

아직 눈 뜨지 못한 해오(解悟)의

인고(忍苦)를 넘어

연상하며 정좌한다.

맑은 시야를 디디며 일어서고 있다.

고요의 벽을 깨며

일정한 간격으로 숙고를 개곤

하맑은 숨결을 접는 어디에서든

순리의 열쇠 푸는 소리 들리고

속세 속을 꿰비치는 정이 곱다

찬 여울 서린 김 이듯 따습다

자유의 원형을 곧추세우곤

먼 시절로 징표 없이 정상을 빗어 간다.

신선함은 생성의 찬미

빛의 활활성

줄기줄기 번져서 반짝이면

사선(死線)엔들 지순한 환상

우리의 소망 위에 눈부신 생기를 뜨게 한다.

슬기를 그 밀실로부터 스며 내고

은혜의 감촉으로

은밀히 초원에 사태 진다.

흐늠이 승화하는 예지가 가득한 중앙

끝없이 펼쳐 간 사랑의 발생지

고여 터지는 울림의 외연(外延)엔

싹웃음 다듬는 고요로운 비향(秘香)

단 파닥이는 승천의 길목엔

오직 중심에서만 퍼내는 순금 고동이여

가슴의 진실을 부활시키고 있다

실비 오가는 고고(高高)의 상한으로

지혜와 지혜와 지혜들로의 함성

웅게둥게 부는 바람의 시샘을 차곤

좌르르 천상(天上)을 움쑥움쑥 키우는

시공을 열며 뚫어 가는

땅으로 하늘로 춤추는 묘법

무아의 형상

끝내는 오봄의 날개

날개 저으며

일상

황야를 사유한다.

Ⅱ. 여름

계절이 녹아들어
사상(思想)이 되는 생명

너의 침묵은 녹색
태양이 작열하고
심층부의 진원(眞圓)
최대치의 구도(構図)

집념의 역학
사랑의 균형
열기의 균일성
그 체취는 전신에 회오리친다
급변하는 야생의 피

고독은 성숙의 촉각
습기 찬 초점
하늘 지향의 무한행렬

하늘 깊숙이 견뎌 가는 신념
하늘 깊숙이 다져 가는 영광

그대 야망은 빛나리
결코 죽엄은 아니다
혼돈은 더욱 아니다
계곡에서 이루어지는 투혼은
끝없이 불탈지니

이 땅에서 승리하고
이 땅을 점령하고
이 땅의 깃발을 든
찬란한 공간의 탄력
억겁의 발돋움

새 세대로의 신앙

Ⅲ. 가을

잊은 채 사라져 간 사랑의 저항
연륜으로 엮어진 모습
황금빛 굴곡이 유순하다

은은히 번져 오는 촉감으로
고개 숙여 하늘가에 맴돌고 있음은
우리의 이별을 새롭게 함이니

천천히 그리운 고백
불현듯 소스라친 이름 없는 지평선에
섬처럼 고독한 역사

주름살 반경 넘어
그윽해지는 전설
열매의 세계와 낙엽의 세계
온전히 관조하는 백발의 심상

생명을 지킨 영혼

생명을 흔들고 있는 영혼

바람과 별이 증언하는

정상에 이르러 천명을 묵상한다

미소의 절벽엔

구름 없는 종교

거대한 황혼

땅의 길과 하늘의 길

합장하며 머물고 있는 율법의 중량

전율하는 추억보다 진실한 망각으로

허공에 잠이 홀연한 채

타계(他界)로의 증발

귀하고 긴 변환

사랑이 지성보다 빛나게 하소서

가을은 직진하게 하소서

가장 단순한 차단의 순간에

수수한 우리의 영원

IV. 겨울

나의 차가움이 때로는 그윽하게 하소서
이제사 순결을 지키려 함이요
모든 환상은 사라지는 것일진대
같이 스러지고도 솟은 진실
    서로들 흐르게 하라
    서로들 은밀하게 하라
    서로들 다스리게 하라

나의 동면은 죽음을 벗하고 죽음과는 달리
묻힌 대로 얼음 밑 부서지지 않는
견디는 대로 선명히 섬세해지는
머문 침묵과 흐르는 침묵이 고귀하다
    서로들 반사하게 하라
    서로들 회전하게 하라
    서로들 지속하게 하라

나는 나의 최저에서 스스로를 택할진대
예리한 단조로움으로 서 있음은
담담한 세월로 비어 있음은
겨울의 평원에서 회복하려는 세찬 자유일 뿐
      서로들 드높게 하라
      서로들 단단하게 하라
      서로들 투명하게 하라

나는 냉기와 더불어 새 생명에 도달하려는
나는 암흑을 이기는 최소의 결정(結晶)이다
나는 흙이다. 하늘이 아프고 바람이 아프고
나는 광활한 나의 날을 소유한다
      서로들 사랑하게 하라
      서로들 잉태하게 하라
      서로들 기다리게 하라

하얀 빛 계열의 흔들리지 않는 모성(母性)
우러러 파란 계시의 순종, 여운의 역사
비로소 동토(凍土)엔 영혼이 고이리라
나의 차가움이 때로는 그윽하게 하소서

4)
초곡(初哭)

초곡(初哭)

인간들은 왜 태어나면서 우는 것일까?

감히 너는 너의 원초를 울 수 있는가?

고귀한 생명의 시발
잉태의 배 속 형성을 지난 초혼 환희
벅찬 기쁨으로 우는가?

어둠 그 속에서만 완성된 너는
여기 급작한 밝음에 놀라서 우는가?

그 속 너무 맑아 순수하고 고요했기에
탁한 이 세상 하계함이
그렇도록 서러워 우는가?

순수 인간의 첫 신호로서
공통 울음 자체 뿐
아직 이름도 모르는 너는
너를 고하는 울음 뿐이기에 우는가?

의미 있는 이 세계로의
순간 모체와의 너의 분열
모진 진통으로 나뉘는 두 혼
그 아픔을 우는가?
너의 고향, 잃어버린 한 혼을 우는가?

어느 시공을 우는가?
형상 이 시공에 와서
한낱 한 생명이기에
닫힌 한 세계를 우는가?

너는 너의 불길로 우는가?
탄생의 문이 열리기에 네가 나왔는가?
탄생의 문을 네가 열고 나왔는가?
너는 네 스스로의 생명인가?
생명 위의 너의 생명인가?
왜 우는가?

언제나처럼 지금은 울고
태어나는 시점에서 너의 과거는 전혀 없는가?
과거 없는 미래 또한 전혀 없기에
현재만의 고독으로 우는가?

너도 울고, 너도 울고, 너도 울고
너는 과거에 울었고, 미래에 올 사람도 울 것이고
간 사람과 올 사람 사이 너는 인간이고
인간이 우는가?

생명 속에 있는 죽음이 두려워 우는가?
죽음 속의 일부 생명이기에 생명이 두려워 우는가?
생명과 죽음의 공유 지대, 영원이 영원하기에
영혼은 울면서 접근할 수밖에는 없기에 우는가?

삼가
간곡히 우는가?
…….

5)

사목론(思木論)

사목론(思木論)

I

지하 세계로부터 뻗어 오른 성숙한 한 몸
빛에선 신앙을 익혔고 어둠에선 진실을 배웠다.
때로는 고독하지 않게 더러는 아름답게
바위의 역경 속 계곡의 중앙엔 연륜을 세우고
쌓이는 연륜으로 하여금 평원에서 휘날리는가?

산정에서 굽어봄이며 심산의 고요가
그대의 연륜으로 하여 심오해짐이며
멈추어 있음이며 선 자리마다의 신념이 연륜됨이며
계절을 벗 삼아
생각하는 나무
바람에 씻기워 잔인하지 아니함은
이슬을 머금어 때 묻지 않음이며
하늘을 우러러 고독에 이르기를 거부하지 않았음이다.

높아질 수 있는 높이까지 넓어질 수 있는 넓이까지
더 큰 자세로의 뚜렷해지는 신념
한 세계로의 끝없는 연결이며
마디마디 새로운 공간을 점유하는
형상을 이룸이다.

II

흙 속의 뿌리.

뿌리는 오랜 암흑 속에서도 자유를 갈구했음이다.

삼엄한 바위틈에서도 그의 의지를 관철할 수 있었고

가로막힌 바위를 두고도 돌의 형상대로

그의 가슴을 비워 품을 수 있었으며

뒤틀리고, 교차하고, 나란히 뻗고, 퍼지고

굴곡지며 응결하고 가지 치고 휘어가고

굵은 뿌리에서 실뿌리까지

곧게 뻗어 고르게 굵은 것에서

곧게 뻗고도 고르게 굵지 못한 것까지

어느 형상 어느 형태를 막론하고

그 일념은 빛 드는 세계의 지체를 위한 헌신

은둔이며 가난하지 아니하고

고통을 가운데에 두고도 배반하지 아니함이며

씨앗의 시초로부터 거대하게 되기까지

뻗어야만 하되

제시되지 아니한 미지의 공간과

조건 없는 방향

보장받을 수 없는 성장

그러나 한 치씩 전진해 가는
더 높은 공간의 더 높이 가지를 키우기 위한
더 깊이 묻혀 가야만 하고
싹을 틔운 자연은 또한 싹을 꺾는 세찬 폭풍우도 함께하기에
더 넓은 뿌리 끝은 더 높은 가지 끝을 지탱하는
생존의 역학
뿌리는 결코 그 지혜를 드러내지 않았음이다.

흙 속에서의 한 생명이 흙인 그대로 머물었음이다.
실상 그에게서 발견되는 자기 자신은 최선을 다했음이었다.

만상으로 모습 지을 수 있음이
그를 허용한 공간을 빈틈없이 채웠음이듯…
어느 뿌린들 살고자함인 진실을 연결하지 않음은 없는 것처럼
어둠의 안식을 조용히 하고 어둠의 어울림을 은밀히 하며
가장 단순한 것에 이르는 생명력을 응집한
가장 복잡한 것을 이루는 생명력을
최대로 나타낸 평화.

자신을 여과함으로써만이
습기와 자양을 머금어
어둠은 어둠인 채로 뿌리의 빛이 되어 갔다.
영원히 흔들리지 않는 내면
외연의 세계로…….

Ⅲ

흙 위의 줄기와 잎
모두는 빛 드는 쪽으로
방사상의 나래를 펴고
오로지 하늘로 향한
어느 한 날을 노여워하지 않음이며
어느 날에 있어서든 자신을 상승함이며
점진적으로 승화함이며 유순한 발산이다.

큰 나무에서 작은 나무, 큰 가지에서 작은 가지에 이르기까지
신념을 치우치지 아니하고
곧게 뻗은 것이나 휘어가거나 감아 가는 것이나
신념을 단절시키지 아니하며
비바람 속을 건너 탄력이 있고
허공을 딛고 오르는 선율이 있으며
순후한 뿌리라면 줄기는 곧고
강직한 내면에 굴곡진 외계.
스스로의 자율로서는 윤택해지는 천성.

꽃이 잎보다 먼저 피는 봄의 찬가에서

잎이 우거지고 꽃이 피는 여름에의 정렬까지

가을에서 겨울로 도달하는 생명과 지혜의 융화

낙엽이 진다 해도 사시사철 푸르다 해도

고요히 담기는 하늘에 잠긴 대화

품어 내는 고요함의 깨우침은 자신의 환희로서 엮어짐이며

탁 틔워 스스럼없는 독백

결실로의 자신의 길에선

이미 적층되는 빛의 힘으로

자기 형상을 이루어 가고 있음이다.

첫 줄기를 기둥으로 세우고 연륜과 함께 흔들리지 않음이며

잔 줄기는 흔들림과 함께 성숙을 일으키곤

줄기 끝으로는 연륜을 다듬어

꿈의 오늘이 오늘의 꿈으로서 어우러짐이며

생의 공간이 부드러워 번뇌를 떠남이어라.

세월의 균형을 잡음이어라.

연륜을 높이와도 함께 둥글게도 쌓을 수 있듯이

살아서 텅 빈 늙은 껍질 속 또한

새로운 제 몸 줄기를 솟구칠 수 있듯이

생명은 자기가 다스린 자신의 것이어라

표피에 무늬지는 엄숙한 전설이어라.

검으티한 고공의 가지에서 새순이 싹틀 때

죽음을 뚫고 아슬하게 스쳐 오는 수백 년의 계절을

담담히 한 몸에 지닌 외연

여기 공간 세계의 선각자

영원히 낡아지지 않는 빛 속에 산 거룩한 일생

끝내는 그 기원이 자유로운 삶의 현실을 터득함이었어라.

과거로부터의 미래가 아닌 삶

미래로부터의 과거가 아닌 삶

정지된 삶이 오늘에 흐르고 있는

생각하는 나무